Richard Heinrich Ludwig Avenarius

Philosophie als Denken der Welt gemäss dem Princip des kleinsten Kraftmasses

Prolegomena zu einer Kritik der reinen Erfahrung

Richard Heinrich Ludwig Avenarius

Philosophie als Denken der Welt gemäss dem Princip des kleinsten Kraftmasses
Prolegomena zu einer Kritik der reinen Erfahrung

ISBN/EAN: 9783743475625

Hergestellt in Europa, USA, Kanada, Australien, Japan

Cover: Foto ©Thomas Meinert / pixelio.de

Weitere Bücher finden Sie auf www.hansebooks.com

Philosophie

als

Denken der Welt

gemäss

dem Princip des kleinsten Kraftmasses.

Prolegomena

zu einer

Kritik der reinen Erfahrung.

Von

Dr. **Richard Avenarius,**
Privatdocent der Philosophie an der Universität Leipzig.

Leipzig.
Fues's Verlag (R. Reisland.)
1876.

Vorwort.

Diese Schrift versucht, die Entwickelung der Philosophie unter das Princip des kleinsten Kraftmasses zu befassen.

Freilich ist dies Princip zunächst ein Princip der Beharrung, welches hinsichtlich der Seele etwa so lauten würde: Die Aenderung, welche die Seele ihren Vorstellungen bei dem Hinzutritt neuer Eindrücke ertheilt, ist eine möglichst geringe; oder mit anderen Worten: Der Inhalt unserer Vorstellungen nach einer neuen Apperception ist dem Inhalt vor derselben möglichst ähnlich. — Insofern aber die Seele den Bedingungen organischer Existenz und deren Zweckmässigkeitsanforderungen unterworfen ist, wird das angezogene Princip zu einem Princip der Entwickelung: Die Seele verwendet zu einer Apperception nicht mehr Kraft als nöthig, und giebt bei einer Mehrheit möglicher Apperceptionen derjenigen den Vorzug, welche die gleiche Leistung mit einem geringeren Kraftaufwand, bez. mit dem gleichen Kraftaufwand eine grössere Leistung ausführt; unter begünstigenden Umständen zieht die Seele selbst einem augenblicklich geringeren Kraftaufwand, mit welchem aber eine geringere Wirkungsgrösse, bez. Wirkungsdauer verbunden ist, eine zeitweilige Mehranstrengung vor, welche um so viel grössere, bez. andauerndere Wirkungsvortheile verspricht.

So das Princip des kleinsten Kraftmasses, wie es hier verstanden und angewandt — so der Standpunkt, von welchem aus die Entwickelung der Philosophie einer Betrachtung unterzogen worden ist, welche rückblickend bis an den ersten Keimpunkt, vorblickend bis zu der letzten Entfaltung des Weltgedankens dringen sollte.

Die nähere Bestimmung des Inhaltes dieses Gedankens hat zu der Forderung der reinen Erfahrung geführt, und der Versuch, die reine Erfahrung nach Begriff und Inhalt herzustellen, gestaltete sich zugleich zu einer Kritik der reinen Erfahrung auch insofern, als die Naturwissenschaft ihre Erfahrung immer gern, obschon nicht immer klar ausgesprochen, als reine gelten lassen mochte.

Neben dieser Beziehung zur naturwissenschaftlichen Erfahrung wird man in dem auch auf dem Titel angeführten Ausdruck: „Kritik der reinen Erfahrung" eine Beziehung zur „Kritik der reinen Vernunft" vermuthen und selbstverständlich eine gegensätzliche. Dass eine solche Absicht mitgewirkt habe, soll nicht geleugnet werden; denn ein Gegensatz der Standpunkte ist in der That vorhanden, und es schien, es werde durch die Andeutung des Gegensatzes in der Benennung sofort der eigene Standpunkt in ein charakteristisches Licht gerückt, welches auch dem Andersmeinenden als Erleichterung des gegenseitigen Verständnisses nicht unwillkommen sein werde.

Sogleich an dieser Stelle nun mit einigen wenigen Worten anzugeben, worin sich dieser Gegensatz begründe, hat sich als misslich erwiesen; für eine längere Auseinandersetzung ist hier aber nicht der Platz. Eine solche eingehendere Beleuchtung des im Folgenden ausgebildeten Verhältnisses zu Kant und zu dem Erkenntnissproblem überhaupt in der Fragestellung, wie es in der Philosophie überliefert wird, sowie endlich eine ergänzende Bezugnahme zu den Seins- und Entwickelungslehren der nachkantischen Philosophie und Naturwissenschaft — alle diese und ähnliche Gegenüberstellungen und Einordnungen, so belehrend und anregend sie auch sein mögen, müssen einer späteren und umfangreicheren Arbeit überlassen bleiben, welche dann auch die Probleme des Selbstbewusstseins, des Raumes und der Zeit besonders zu behandeln haben wird. Ueber die Richtung, welche die Erörterung all dieser Fragen einschlagen werde, wird das geübtere Auge indessen in dem Gegebenen bereits bezeichnende Hinweise angedeutet finden. Für die erste Einführung der hier niedergelegten Anschauung in jene universale, nie beendete Discussion, welche man „Wissenschaft" nennt, — für die Prolegomenen war der Wunsch massgebend, den überaus beziehungsreichen Stoff mit möglichster Beschränkung auf die Hauptgedanken darzulegen und in der Form zugleich eben den Forderungen möglichst gerecht zu werden, welche sich aus dem behandelten Princip selbst ergaben. So ward denn nicht allein die Entsagung geübt, alle und selbst die nahgelegteste Polemik zu vermeiden, welche dehnbare Zuthat, im Verein mit der einer mannichfach beliebten gelehrten Ornamentik, das bescheidene Heft unschwer zu einem leidlich imponirenden Bande hätte gedeihen lassen können; sondern es ward auch gewissenhaft Alles erwogen, was, obgleich begründend und bekräftigend, doch als direkt und dringender nicht erfordert, mit einer kurzen Bemerkung erledigt oder auch ganz weggelassen werden konnte. Da indess der Wunsch nicht minder bestand, die Schrift einem umfassenderen, aus vielfältigen Elementen zusammengesetzten und mithin von ganz verschiedenartigen Voraussetzungen bestimmten Leserkreis darzubieten, so gebot die Rücksicht auf diesen hier und da Ausführungen, die dem Einen oder Anderen noch zu weitläufig oder zu fernliegend gelten werden. Aus derselben Rücksicht ist endlich auch in der Einleitung und sonst diejenige Anschauungs- und Ausdrucksweise verwendet worden, welche als die verbreitetste, bez. bekannteste, für den Zweck schnellerer Orientirung in den vermittelnden Begriffen die relativ günstigsten Bedingungen zu enthalten schien.

Wenn, wie eingestanden, den vorliegenden Prolegomenen ein grösserer und verschiedenartiger Leserkreis gewünscht ward, so veranlasste zu solchem Wunsche das lebhaft empfundene Bedürfniss, durch Ergänzung der zu erhoffenden einzelnen Beurtheilungen eine möglichst vielseitige Kritik zu erhalten. Eine Auffassung, welche, gleich der hier niedergelegten, jede individuelle Gedankenbildung, also auch die eigene, mehr als ein Fremdes denn als ein Eigenes betrachtet, da sie dieselbe als zum weitaus grösseren Theil durch die allgemeine Gedankenentwickelung bestimmt anerkennt, — eine Auffassung, welche sich zugleich nicht verhehlt, wie in dem übrig bleibenden Theile scheinbar freier individueller Entfaltung noch so viele Einflüsse menschlich-subjektiver Befangenheit hemmend und trübend eingreifen: eine solche Auffassung hat wenig Grund, eine gerechte, rein von theoretischen Interessen geleitete Beurtheilung zu scheuen. Vielmehr ist sie bereit, von der

Kritik — und erst recht von der des Gegners — zu lernen, indem sie sich der Erkenntniss fügt, dass in den Regionen des Denkens, wo Exempel und Experiment versagen, es meist der Einwirkung gegensätzlicher Meinungen bedarf, um uns zu der vornehmsten Bedingung aller Selbstkritik und Selbstweiterbildung zu entwickeln: zu dem vollen Bewusstsein dessen, was unser Wissen war und was unser Wollen.

Inhaltsangabe.

Vorwort III

Erster, einleitender Theil.

A. Die Wurzel der Philosophie.

I. 1. Die Seele in ihren Funktionen zweckmässig. 2. Das Princip des kleinsten Kraftmasses als Princip der Zweckmässigkeit. 3—6. Die Zweckmässigkeit des Denkens innerhalb der Apperceptionsprocesse zu suchen 1

II. 7. Unlustreaktionen der Seele bei unzweckmässigen Kraftverwendungen: gegenüber der sinnwidrigen Anordnung der Vorstellungen; 8. im Widerspruch, 9. in der Ungewissheit. 10. Vorwiegen der Unlustreaktionen über die lustvollen . 3

III. 11—13. Die Kraftersparniss in der Systembildung 5

IV. 14—17. Die Kraftersparniss in den Gewohnheitsapperceptionen. 18. Das Ungewohnte und — 19. — seine Aufhebung durch das Vergessen, — 20. — bez. durch seine Appercipirung vermittelst eines Gewohnten. 21. Die Wurzel der theoretischen Apperception mithin im Princip des kleinsten Kraftmasses 6

V. 22. Das Princip des kleinsten Kraftmasses in der Oekonomie der Apperceptionsmassen: als geforderte Einheit und Einfachheit; 23—24. als Determinirung der appercipirenden Vorstellungsmassen innerhalb der Sprachentwickelung. 25. Bemerkung über die Sprache 10

VI. 26. Das Princip des kleinsten Kraftmasses in der Leistung der theoretischen Apperceptionen: die vorzüglichere Leistung im

Begreifen. 27. Das Wiedererkennen und das Begreifen. 28. Weitere Vortheile der begrifflichen Apperception und — 29. — der Differenzirung des Bewusstseins der Intensität nach 13

VII. 30. Die Existenz von Wissenschaften, welche auf ein Begreifen abzielen: — 31. — die Philosophie gehört zu ihnen. 32. Die Wurzel der Philosophie mithin im Princip des kleinsten Kraftmasses 16

B. Die Aufgabe der Philosophie.

I. 33. Ein Bekanntes und ein allgemeiner Begriff als Faktoren des Begreifens. 34. Die Grenzen des Begreifens nach Seite der Begriffe. 35. Die Gesetze. 36. Begriffe und Gesetze als Einheiten. 37. Das Streben nach einer höchsten Einheit 17

II. 38—39. Der eventuelle Inhalt der gesuchten höchsten Einheit. 40. Frage nach der wissenschaftlichen Entwickelung des Strebens nach höchster Einheit. 41. Philosophie als das gesuchte wissenschaftliche Denken. 42. Die entsprechende Definition der Philosophie. 19

Zweiter, ausführender Theil.

A. Die Methode der Philosophie.

I. 43. Stellung der Philosophie in der wissenschaftlichen Entwickelung. 44. Das allgemeine Begreifen fordert das speciale: Differenzirung des wissenschaftlichen Denkens in Specialwissenschaften, welche zur Philosophie in das Verhältniss von Hülfswissenschaften treten, — 45. — und Determinirung der Aufgabe der Philosophie auf das Problem des Begreifens der Gesammtheit; - - 46. — wobei sich wieder der Begriff der Gesammtheit für die Philosophie auf die begriffliche Zusammenfassung des Gemeinsamen aller Einzeldinge determinirt 22

II a. 47. Determinirung der Faktoren des Begreifens: des Bekannten. Dasselbe wird im wissenschaftlichen Denken zunächst nach seiner psychologischen Seite determinirt, — 48. — was dem Princip des kleinsten Kraftmasses nicht widerspricht. 49. Unterscheidung der naiven und wissenschaftlichen Erfahrung, — 50. — welche letztere allein das zu einem wissenschaftlichen Begreifen verwendbare Bekannte enthalten darf 25

II b. 51. Frage nach den Zumischungen der Erfahrung von Seiten des Erfahrenden. 52. Die timematologischen Apperceptionen. 53. Die anthropomorphistischen Apperceptionen: — 54. — sie werden vom wissenschaftlichen Begreifen ausgeschlossen. 55. Die intellektualformalen Apperceptionen: — 56. — die Frage nach deren Ausschliessung als Frage nach der reinen Erfahrung. 57. Die Grenzen des Begreifens nach Seite des Bekannten: das im wissenschaftlichen Begreifen verwendbare Bekannte determinirt sich auf das durch die reine Erfahrung Gegebene. 58. Diese Entwickelung ist gemäss dem Princip des kleinsten Kraftmasses . . 28

III. 59. Determinirung der im wissenschaftlichen Begreifen verwendbaren allgemeinen Begriffe: nach Ursprung und Inhalt; — 60. — nach Umfang 32

IVa. 61. Frage nach der eigentlichen Methode der Philosophie. 62. Die Beobachtungsmethoden — 63. — werden von der Philosophie ausgeschlossen. 64. Der Schluss vom Bekannten auf Unbekanntes, — 65. — in der Philosophie zwar empfohlen, — 66—70. — aber in derselben aussichtslos . . . 33

IVb. 71. Frage nach der Methode zur Gewinnung der reinen Erfahrung. 72. Kritik nicht ausreichend, — 73. — sondern muss durch eine Methode der Elimination ergänzt werden. 74. Diese Methode war bereits implicite angewandt . . . 38

V. 75. Die Eliminationsmethode als allgemein naturwissenschaftlich — 76. — und daher die Philosophie im engsten Sinne ohne eigenthümliche Methode 40

B. Die Gestaltung der Philosophie.

I. 77. Die Gestaltung der Philosophie abhängig vom Inhalt der reinen Erfahrung. 78. Verhältniss der reinen Erfahrung zur reinen Wahrnehmung. 79. Die allgemeinsten Begriffe der Naturwissenschaft 42

IIa. 80. Die Kraft als Bewegendes erfahren wir ebensowenig — 81. — als die Nothwendigkeit. 82. Mit der Kraft und der Nothwendigkeit fällt die Causalität; — 83. — doch bleibt Nothwendigkeit als Grad der Wahrscheinlichkeit der Folgeerwartung. 84. Auch Kraft und Causalität bleiben, sofern sie bestimmte empirische Verhältnisse ausdrücken; — 85. — Causalität speciell als Continuität. 86. Das Princip des kleinsten Kraftmasses als Princip des kleinsten Aufwandes von Mitteln. 87. „Kraft" und „Causalität" als abgekürzte Ausdrücke 45

IIb. 88. Umgekehrt geht auch die Kraftempfindung, wie jede andere Empfindung, nicht aus Bewegung hervor, — 89. —

denn die Erfahrung, dass Bewegung Empfindung hervorrufe
— 90. — oder auch nur beeinflusse, ist eine bloss scheinbare: — 91. — also muss Empfindung von den empfindenden Substanzen als ihnen eigenthümlich ausgesagt werden; — 92. — sodass im Wahrnehmungsakt nur eine Umwandlung einer Bewegung in eine andere, aber keine Umwandlung von Bewegung in Bewusstsein zu erblicken ist . . . 47

IIIa. 93. Die Aussage der Empfindung als Eigenschaft aller Substanz. 94. Erwartung der Anerkennung der bewussten Atome seitens der Naturwissenschaft, — 95. — und Aufforderung zur Elimination der Substanz, — 96. — obgleich diese Elimination besondere Schwierigkeiten zu bieten scheine . 49

IIIb. 97. Blick auf die Sprach- und Denkentwickelung: die Sprache bezeichnet ursprünglich das Wahrgenommene als complexe Einheit, — 98. — unterscheidet erst allmälig das Ding und seine Eigenschaften — 99. — und das Ganze und seine Theile, — 100. — bis am Ende dieser Entwickelung der sinnliche Eindruck zu dem geworden ist, was wir jetzt eine Wahrnehmung nennen. 101. Das Ding, im Gegensatz zu den Eigenschaften, entwickelt sich zu immer grösserer Selbstständigkeit, — 102. — bis es als Substanz absolute erlangt hat. 103. Da nun zur Wahrnehmung der Veränderung es der Beziehung auf ein Unverändertes bedarf, — 104. — so bedeutet, wie das Ding den relativ ruhenden Punkt, auf welchen sich alle relative Veränderung bezieht, — 105. — die Substanz den absolut ruhenden idealen Punkt, auf den die absolute Veränderung bezogen wird. 106. Es ist mithin die Substanz aus dem als real existirend Gedachten zu eliminiren 52

IIIc. 107—109. Die Vortheile des Begreifens, welches die Substanzvorstellung schafft, beruhen auf einer anthropomorphistischen Apperception — 110—114. — und wiegen die Nachtheile, welche die Substanzvorstellung als Ding an sich verursacht, nicht auf 56

IV. 115. Da sonach die Substanz als eliminirt gelten — 116. — und nur die Empfindung als das Seiende gedacht werden darf, — 117. — bleibt nur noch das Verhältniss zwischen Empfindung und Bewegung zu bestimmen übrig, welche letztere indess keinen neuen Inhalt des Seienden darstellt, — 118. — auch nicht isolirt erfahren wird. 119. Bewegung wird daher als Form des Seins bestimmt. 120. Vortheile dieser Auffassung — 121. — und Berichtigung des Wahrnehmungsaktes durch sie. 122—123. Das Verhältniss der

— XIII —

Seite

objektiven und subjektiven Empfindung in der Wahrnehmung 59

V. 124. Ein letztmögliches Problem liegt in der Vorstellung einer realen Ureinheit der Empfindung. 125—131. Die entgegenstehende Ansicht der inhaltlich unveränderlichen Empfindungsbestandtheile, der atomisirten Empfindungen, ist nur mit Vorsicht aufzunehmen — 132. — und mithin die Vorstellung der Möglichkeit einer solchen Empfindungs-Ureinheit, wenn auch zunächst nur von geringer Aussicht, so doch nicht völlig hoffnungslos 61

Anmerkungen 66

Erster, einleitender Theil.

A.

Die Wurzel der Philosophie.

I.

1. Wie immer man die Seele und ihr Verhältniss zu unserem Leibe auffassen möge, in jedem Falle muss man der Seele jene Zweckmässigkeit zusprechen, die als empirische dem Körper zuzuerkennen wir längst nicht mehr zögern. Also: man kann zweifelhaft sein, ob die Zweckmässigkeit der geistigen Organisation als auf den zweckmässigen Bedingungen des leiblichen Organismus beruhend zu denken sei, oder mit derselben sogar identisch, oder endlich als auf eigenthümlichen, der Seele immanenten Verhältnissen begründet; man kann aber nicht zweifeln, dass die Funktionen der Seele überhaupt zweckmässig sein müssen, da dieselben für die Erhaltung des Individuums von viel zu eminenter Bedeutung sind, als dass wir diese Erhaltung für möglich erachten könnten, ohne die Seele in ihren Funktionen die Anforderungen der Zweckmässigkeit in hohem Grade erfüllend zu denken.

2. Die Forderungen, die wir an die Zweckmässigkeit stellen, sind aber doppelter Art. Nicht allein muss eine

zweckmässig fungirende Organisation eine ihr obliegende Aufgabe überhaupt lösen, sondern sie muss auch deren Lösung mit dem unter den jeweiligen Verhältnissen möglichen, relativ kleinsten Kraftmass oder den relativ geringsten Mitteln bewerkstelligen. Eine gegebene Lösung wird für um so zweckmässiger vollzogen gelten, je weniger Kraft bei ihrer Vollziehung nutzlos verschwendet — je mehr also Kraft für andere Leistungen erspart wurde; eine gegebene Kraft wird für um so zweckmässiger angewandt erachtet werden, je grösser die Leistung ist, die durch sie erreicht wurde.

3. Indem wir ganz davon absehen, inwiefern die Seele durch ihre einheitliche und durch Ueberlegung geleitete Einwirkung auf den Körper für diesen, als einen der Bewegung sowohl fähigen als bedürftigen Organismus, ein höchst zweckmässiges und kraftersparendes Princip darstellt — wollen wir hier nur ihre theoretische Funktion, das Denken, daraufhin betrachten, ob sich daselbst ein Streben nach Kraftersparniss nachweisen lasse.

Die erste Frage, die uns bei dieser Betrachtung entgegentritt, nämlich die: was bei der theoretischen Funktion der Seele unter einer gegebenen Aufgabe und den entsprechenden Kraft-Mitteln zu verstehen sei, wird sich für unseren Zweck ausreichend beantworten, wenn wir an Stelle des allgemeinen Ausdruckes den engeren, wissenschaftlichen setzen: appercipiren.[1])

4. In der theoretischen Apperception, welcher wir mithin unsere Aufmerksamkeit zuzuwenden haben, treten zwei Vorstellungsmassen in gegenseitige Durchdringung zum Zwecke einer inhaltlichen Bestimmung, bez. Charakterisirung derjenigen, welche als die relativ unbestimmtere in den Process eingetreten ist. Diejenige Vorstellungsmasse, welche die inhaltliche Bestimmung liefert, heisst die appercipirende; die zu bestimmende ist auch die zu appercipirende. So ist z. B. in einer von Steinthal[2]) vorgelegten Apperception, bei welcher die unbekannte Erscheinung eines Zoophyten unter den Begriff „Thier" subsumirt wird, die Wahrneh-

mungsvorstellung des Zoophyten die zu appercipirende — der Begriff des Thieres die appercipirende Vorstellung, welche den Inhalt der Wahrnehmung durch die Vorstellung des empfindenden und sich auf gewisse Weise ernährenden Organismus bestimmt.

5. Es stellt sich uns also eine der Seele gebotene theoretische Aufgabe dar als apperceptive Bestimmung einer durch Wahrnehmung oder Reproduktion bewusst gewordenen Vorstellung vermöge derjenigen Vorstellungen, welche die Seele aus den Residuen früherer Wahrnehmungen als Bestimmungsmittel zu entwickeln im Stande ist. Die Entwickelung solcher Vorstellungen ist mithin die der Seele abverlangte Leistung, deren Vollziehung (wie die Entwickelung alles und jedes Vorstellens) an mannichfache psychologische und physiologische Bedingungen geknüpft ist und einen bestimmten, wenn auch nicht in Zahlen fassbaren Aufwand von Kraft erfordert. Kraft ist hier zunächst in dem Sinne der Physiologie genommen; die Empfindungen der Kraft oder Schwäche, der Erleichterung oder Beschwerde, der Erholung oder Erschöpfung werden nur als begleitende Bewusstseinserscheinungen betrachtet.

6. Wäre die Kraft, welche der Seele zur Entwickelung von Vorstellungen zur Verfügung steht, eine unendliche, so würde es ihr allerdings gleichgültig sein können, wie viel dieser unerschöpflichen Menge sie verschwendete — höchstens käme nur der dazu nöthige Zeitverlust in Frage. Da diese Kraft aber eine endliche ist, haben wir also zu erwarten, dass die Seele sich bestreben werde, die Apperceptionsprocesse möglichst zweckmässig, d. h. mit dem relativ geringsten Kraftaufwand, bez. dem relativ grössten Erfolge auszuführen.

II.

7. Ehe wir uns dies an einzelnen bestimmten Verhältnissen vergegenwärtigen, möchte ich an einige Unlustreaktionen der Seele erinnern, welche eine Abneigung

derselben vor einer unzweckmässigen Kraftvergeudung anzuzeigen scheinen.

So reagiren wir unlustvoll, wenn in einer zu entwickelnden Vorstellungsreihe (z. B. in einem Vortrag, einer Abhandlung und dergl.) die sich folgenden Vorstellungen nicht nach ihrem inneren Zusammenhange geordnet sind; denn jedes „Abbrechen des Fadens", oder „Abspringen" auf neue Bahnen nöthigt den Appercipirenden zu einer Unterdrückung einer angeregten und zur Reproduktion einer bis dahin ruhend verbliebenen neuen Vorstellungsgruppe. Diese Mehrleistung ist insofern unzweckmässig, als durch ein späteres Zurücktreten doch wieder in die unterbrochene Gedankenfolge eingelenkt werden muss — jene Mehrleistung somit durch eine geeignetere Anordnung des Stoffes erspart, das vorgesteckte Ziel mit geringeren Mitteln erreicht werden konnte.[3])

8. Eine andere unlustvolle Reaktion wird durch das Vorhandensein eines Widerspruches in unserem Denken erzeugt. Die Kraftvergeudung liegt hier in den unausbleiblichen, aber vergeblichen Versuchen des Denkens, die eine der widersprechenden Vorstellungen zu beseitigen, oder den Widerspruch durch eine dritte (lösende) Vorstellung zu entfernen. Das Bedürfniss aber, einen Widerspruch aufzuheben, beweist wiederum nur das Streben nach Kraftersparniss; denn es sollen hierbei immer zwei differente und zu ihrer Apperception verschiedene Vorstellungsmassen erheischende Vorstellungen auf Eine reducirt werden.

9. Schliesslich sei noch ein Fall erwähnt, in welchem das mit der Kraftausgabe verbundene Unlustgefühl unter Umständen sogar intensiver wirken kann, als ein eventueller, objektiv begründeter, starker Seelenschmerz. Dies aber ereignet sich, wenn wir in Erwartung einer unglücklichen Nachricht eine traurige Gewissheit der „aufreibenden" Ungewissheit vorziehen. In solchen Zuständen der Ungewissheit irrt gleichsam eine Vorstellung (diejenige der erwarteten Nachricht) zwischen zwei entgegengesetzten Apperceptionen — einer bejahenden und einer verneinenden —

ruhelos hin und her; und da sich keine derselben endgültig vollzieht, hat die Seele keinen festen Punkt, auf den sie ihre Kräfte concentrirend richten kann, und muss alle entwickelte Kraft resultatlos verschwenden." — Dies gilt mit gewissen Modifikationen auch vom Zweifel und von der Unklarheit. ¹)

10. Die gegebenen Beispiele werden genügen, sozusagen das Gefühlsinteresse der Seele an der Kraftausgabe zu erhellen. Dass im Allgemeinen das Gefühl durch Unlust die Kraftvergeudung genauer anzeigt, als — wie nun zu erwarten ist — durch Lust die Kraftersparniss, liegt in denselben Verhältnissen begründet, welche uns die Wohlthat der normalen organischen Verrichtungen weniger zu Bewusstsein bringen, als die Gefahr ihrer Störungen.

Das Walten des Princips des kleinsten Kraftmasses nun innerhalb des Vorstellungslebens selbst zu betrachten, wird unsere nächste Aufgabe sein.

III.

11. Ein geistvoller neuerer Schriftsteller findet den Grund davon, dass in der Gedankenarbeit der Menschheit so ausserordentlich viel Kraft — nach seiner Meinung — nutzlos verschwendet sei, in der Neigung der Menschen zu systematisiren.⁵) Hiernach könnte diese Neigung als ein unzweckmässiges Streben des entwickelteren Denkens erscheinen. Allein das ungünstige Urtheil der „nutzlosen" Verschwendung gründet sich auf die Vergleichung der unermesslichen Summe aufgewandter Kraft mit dem geringen Resultat gewonnener wahrer Einsicht, richtet sich also nach einem Massstab, der ausserhalb der psychologischen (bez. physiologischen) Bedingungen, unter denen die Seele überhaupt ihre Leistungen vollzieht, gelegen ist.

12. Betrachtet man die Neigung zum Systematisiren unter dem letzteren Gesichtspunkt, so zeigt sich gerade, dass in jedem System als System eine grosse Kraftersparniss eingeführt ist. Denn in der Systematisirung vollzieht sich eine Organisirung der Vorstellungsmassen, indem einem

bevorzugten und besonders wichtigen Vorstellungscomplex eine centrale Stellung im Bewusstsein verschafft und die anderen Vorstellungen in eigenthümlichen Gliederungen um diese Centralvorstellung gruppirt werden. Durch eine solche Anordnung der gesammten, vom theoretischen Interesse des Individuums umschlossenen Vorstellungen wird erstens eine Erhöhung des Bewusstseins von dem verfügbaren Vorstellungsvorrath und eine grössere Orientirung in demselben erreicht. Sodann aber und namentlich sind hier alle Problemvorstellungen einheitlich gelöst, d. h. es wurde und wird zu ihrer Apperception nur Eine Vorstellungsgruppe — die Centralvorstellung — verwendet, deren Reproduktion ausserdem durch ihre günstige Stellung und häufige Anwendung immer leichter und selbstverständlicher wird. Ferner ordnet sich jedes etwa neu eintretende Problem bequem in eine verwandte Problemgruppe ein und findet, durch deren Beziehung zur Centralvorstellung, von hier aus alsbald seine apperceptive Lösung.

13. Endlich gewährt ein System durch seine wirkliche oder vermeintliche Vollständigkeit zugleich den Nutzen der Ruhe gegenüber allen etwa noch möglichen Specialproblemen, und durch seine wirkliche oder vermeintliche Geschlossenheit die Vortheile des Sicherheitsgefühles, indem jede Folgerung aus der zugrundeliegenden Centralvorstellung dazu dient, rückwirkend diese zu befestigen, Alles mit Allem zusammenhängt, Alles einander trägt und unterstützt.

Dies sind sämmtlich kraftersparende Momente.

IV.

14. Noch deutlicher lässt sich die erstrebte Kraftersparniss bei einer Classe von Apperceptionen beobachten, deren Anwendung auf einer Erwerbung beruht, welche die Seele mit dem leiblichen Organismus gemeinsam hat, und welche bei den verwendeten Begriffen von deren sonstigen speciellen Constitution ganz abzusehen und dieselben nur als allgemein seelische Operationsmittel zu betrachten erlaubt, gerade wie es Gefühle, Wollungen, auch Bewegungen sind.

Bei solchen — ich möchte sie die mehr physiologisch bestimmten Apperceptionen nennen, beantwortet sich die Frage: warum die Seele gerade diese Vorstellung wähle, während eine andere, an und für sich genommen, denselben Dienst und vielleicht noch besser gethan haben würde? — einfach dahin: die Seele wählt diese Vorstellung unter den möglichen, wie sie jenen Willensakt und jene Bewegungsaktion bevorzugt: aus Gewohnheit.

15. Die Häufigkeit unserer Gewohnheitsapperceptionen ist anerkannt; wir wählen zur Beurtheilung von Dingen und Verhältnissen die Vorstellungen unserer Erziehung, unseres Berufes, unseres Standes und Standpunktes, weil wir gewohnt sind, mit diesen Vorstellungen zu appercipiren. Der Grund der Neigung, über die Dinge, die neuen wie die alten, so zu urtheilen, wie man einmal zu urtheilen gewohnt ist, die Ursache also der häufigen Gewohnheitsreaktionen liegt aber in dem Streben unserer Seele, eine aufgegebene Leistung mit dem geringsten Kraftmass zu vollziehen. Die Gewohnheitsreaktionen sind die leichtesten, daher die Vorliebe der Seele für dieselben.

16. Die kraftersparende Wirksamkeit der Gewohnheit hat schon J. Fr. Fries erkannt, auf welchen in dieser Hinsicht neuerdings A. Horwicz mit Recht aufmerksam gemacht hat. Fries⁶) unterscheidet passive und aktive Gewohnheit; durch die erstere wird der Eindruck der äusseren Reize auf Geist und Körper abgeschwächt, durch die zweite wird die Vollziehung von körperlichen und geistigen Thätigkeiten erleichtert.⁷) Wir sehen sogleich, dass also die Zweckmässigkeit der ersteren, der passiven Gewohnheit, sich in dem Umstand begründet, dass sie dazu beiträgt, die Seele von äusseren Einflüssen unabhängiger zu machen. Worin nun die Zweckmässigkeit der Erleichterung bestehe, welche die aktive Gewohnheit der Seele verschafft, finden wir durch Fries treffend präcisirt (S. 167 f.): „Die innere Wirkung der Gewohnheit geht immer auf das Verhältniss der Reflexion zur Association, auf das Verhältniss des logischen Gedankenlaufes zum gedächtnissmässigen.... Die Ge-

wohnheit wirkt hier immer auf Zurückziehung des willkührlich thätigen Verstandes zu Gunsten der Association. Alle Uebung, alles Lernen besteht hier in einer Lenkung der Association durch Gewohnheit nach Zwecken des Verstandes, wodurch seine unmittelbare Thätigkeit nach und nach aufgehoben wird..... Ferner: die innere Wirkung der Gewohnheit auf unsere Thätigkeit beruht ganz augenscheinlich darauf, dass eine Thätigkeit uns mechanisch wird, dass wir in Rücksicht derselben keinen äusseren Anstoss brauchen, und nicht über das Einzelne derselben erst nachdenken dürfen, sondern dass sich alles gleichsam von selbst ergiebt."

17. Oder mehr in der Sprache der neueren Psychologie ausgedrückt: in einer gewohnheitsmässigen Apperception werden 1) nicht mehr Vorstellungen zur Apperception herangezogen, als nöthig sind; 2) die geeigneten Vorstellungsmassen sogleich ergriffen, ohne erst durch Nachdenken (durch weitere, vermittelnde Apperceptionen) gesucht zu sein; und endlich 3) werden die solcherart beschränkten und beschafften appercipirenden Vorstellungsmassen nicht einmal in allen ihren Theilen zu vollem Bewusstsein gehoben, wie sich am deutlichsten bei der Ausführung complicirter, aber gewohnheitsmässiger Bewegungen zeigt — es wird auch der Intensität nach Bewusstsein gespart. — Das erste und letzte dieser drei Momente werden wir später noch einmal zu berühren haben.

18. Dass somit die Gewohnheit das Streben der Seele nach Kraftersparniss illustrire, wird uns noch deutlicher, wenn wir den Gegensatz des Gewohnten, das Ungewohnte in's Auge fassen. Ich glaube kaum, dass Jemand die Vorstellung „Ungewohntes" denkt, ohne einen wenn auch noch so leisen Anklang von Unlust in sich zu fühlen; jedenfalls fühlte er diese Unlust, wenn er Ungewohntes wirklich denken soll. Einfach, weil Ungewohntes denken ein ungewohntes Denken, d. h. ein das Gewohnheitsmass überschreitendes Denken ist. Eine jede Vorstellung, welche nicht in dem System unserer bereits erworbenen, unter sich

fest verbundenen Vorstellungen enthalten ist, und welche zu denken wir dennoch durch irgend welche Verhältnisse — sei es eine Entdeckung oder ein Gespräch oder ein neues Buch oder was immer — genöthigt werden, lässt uns deutlich die Scheu oder Abneigung der Seele vor dem Ungewohnten empfinden, vor dem Zwang, neben dem Alten ein Neues zu denken. Ein solches Denken, eine solche Vorstellung ist uns „unbequem" und wir reagiren darauf mit Unlust, wie in den S. 3f. erwähnten Fällen unzweckmässigen Kraftverbrauches.

19. Wie wir in diesem durch ein ungewohntes Denken verursachten Unlustgefühl eine passive Aeusserung des Strebens der Seele nach Kraftersparniss erblicken dürfen, so erkennen wir dasselbe Streben — nach Seite der Energie — auch in dem Streben der Seele wieder, die unbequeme Vorstellung unschädlich zu machen. Und wiederum wird in der Wahl der Mittel hierzu sich das Princip des kleinsten Kraftaufwandes nachweisen lassen.

Zunächst freilich scheint der Seele gar keine andere Wahl offen zu stehen, als die Entfernung der lästigen Vorstellung aus dem Bewusstsein. Diesen Effekt kann sie erreichen, indem sie sich bemüht, nicht weiter an die unbequeme Vorstellung zu denken, dieselbe zu vergessen. Allein, mag das Streben zu vergessen nun ein unwillkürliches oder ein willkürliches sein — der Erfolg tritt nur langsam ein und ist nie für die Dauer gesichert. Jede neue Erinnerung würde die Seele nöthigen, ihre Arbeit auch von Neuem zu beginnen. Somit genügte das Mittel des Vergessens dem Princip der Zweckmässigkeit nur unter solchen Umständen, welche einen anderen Weg der Entlastung nicht zulassen.· Das ist z. B. beim Tod geliebter Personen der Fall; hierbei freilich handelt es sich auch nicht um theoretische Vorstellungen.

20. Im theoretischen Denken hat die Seele in der That noch ein Mittel, schneller die geforderte Mehrleistung wenigstens annähernd oder möglichst annähernd auf das gewohnheitsmässige Kraftmass zu reduciren: sie nimmt die

gebotene Vorstellung auf, verwandelt aber das, was an derselben das Ungewohnte ist, in Gewohntes. Mit anderen Worten: sie führt, mit Hülfe der Associationen, das Neue auf Altes, das Fremde auf Geläufiges, das Unbekannte auf Bekanntes, das Unbegriffene auf solches zurück, was bereits als Begriffenes unser geistiges Besitzthum bildet. Jetzt erfordert das Denken einer neu hinzugetretenen Vorstellung keinen erheblicheren Kraftaufwand, denn sie denkt es vermittelst der altgewohnten Vorstellungen — und indem sie mit ihren gewöhnlichen Vorstellungen es denkt, vollzieht sie mit den gewöhnlichen Mitteln eine grössere Leistung: hier ist also in höherem Grade dem Princip des geringsten Kraftaufwandes genügt.*) Und wirklich wählt die Seele innerhalb des theoretischen Denkens nur da, wo es ihr nicht gelingt, Unbekanntes auf Bekanntes, Unbegriffenes auf Begriffenes zurückzuführen, nothgedrungen den in seinem Resultat zweifelhaften, aber allein noch offen stehenden Ausweg: zu vergessen oder zu ignoriren.

21. So haben wir denn die Wurzel des theoretischen Apperceptionsprocesses, von dem wir ausgingen, um an ihm das Princip der Zweckmässigkeit innerhalb der theoretischen Thätigkeit der Seele zu demonstriren, selbst in dem Princip des kleinsten Kraftaufwandes gefunden. Das Streben zu appercipiren ist nichts als das Streben der Seele nach Kraftersparniss.

V.

22. Wenn wir anerkennen müssen, dass die Wurzel der theoretischen Apperceptionen im Princip des kleinsten Kraftmasses liege, so werden wir auch erwarten dürfen, dass sich in der Oekonomie der Apperceptionsmassen selbst ein Einfluss des genannten Principes werde nachweisen lassen. In welcher Richtung derselbe zu suchen, kann nicht zweifelhaft sein, nämlich in einer Beschränkung der appercipirenden Masse auf diejenigen Vorstellungen, welche zur Apperception ausreichen. Das Streben der Seele, die zum Zwecke Einer Apperception auszuführende

Reproduktion von Vorstellungen auf das relativ geringste Mass zu beschränken, tritt uns, zu mehr oder minder wissenschaftlichem Bewusstsein entwickelt, entgegen in dem Bedürfniss nach Einheit und in der Forderung der Vermeidung alles Ueberflüssigen. Jenes Bedürfniss geht hervor aus der Abneigung, das auf zwei Weisen zu thun, was sich auf eine verrichten lässt; diese Forderung aus dem Widerstreben, Mittel in Bewegung zu setzen, die nichts zur Erreichung eines bestimmten Zweckes beitragen.

23. Mehr instinktiv noch macht sich die Beschränkung der Apperceptionsmassen in den Fällen geltend, in welchen die Sprache unwillkürlich als Mittel der Präcisirung verwendet wird. Je mangelhafter begrenzt und unterschieden nämlich eine Vorstellungsmasse ist, welche durch ein Wort ausgedrückt wird, je mehr werden auch bei Nennung des Wortes Vorstellungen mitgedacht, welche gar nicht mitgedacht werden sollten. Es muss mithin das Bedürfniss nach Kraftersparniss (welches hier mit dem Bedürfniss schnelleren und leichteren Verständnisses zusammenfällt) zu Vorkehrungen führen, welche die durch einen Laut angeregten Vorstellungsmassen auf diejenigen Vorstellungen reduciren, welche zu der bezweckten Apperception verlangt werden. Solche Reduktionsmittel haben sich nach zwei Seiten entwickelt. Auf der einen Seite behält zwar der Laut seine Vorstellungsmannichfaltigkeit, aber in jeder Anwendung wird diese durch eine zweite Vorstellungsgruppe determinirt, welche vermöge eines zweiten hinzugefügten Lautes mit der ersteren Vorstellungsmasse verbunden wird. Inwiefern sich diese ursprünglich an den Wurzeln vollzogene Determination je nach der Höhe der Entwickelungsstufe einer Sprache auch immer zweckmässiger gestaltet, ist hier nicht der Ort auszuführen. Um jedoch von dem Process dieser Determinirung selbst eine allgemeine Anschauung zu geben, möge hier eine Stelle aus einer kleinen Schrift Aug. Schleichers angeführt werden:[9] „Das, wovon alle Sprachen ihren Ausgang genommen haben, waren Bedeutungslaute, einfache Lautbilder für Anschauungen, Vorstellungen, Be-

griffe, die in jeder Beziehung, d. h. als jede grammatische Form fungieren konnten, ohne dass für diese Functionen ein lautlicher Ausdruck, so zu sagen, ein Organ, vorhanden war. Auf dieser urältesten Stufe sprachlichen Lebens gibt es also, lautlich unterschieden, weder Verba noch Nomina, weder Conjugation noch Declination u. s. f. Versuchen wir diess wenigstens an einem einzigen Beispiele anschaulich zu machen. Die älteste Form für die Worte, die jetzt im Deutschen That, gethan, thue, Thäter, thätig lauten, war zur Entstehungszeit der indogermanischen Ursprache *dha*, denn diess *dha* (setzen, thun bedeutend, altindisch *dhu*, altbaktrisch *da*, griechisch θε, litauisch und slawisch *de*, gothisch *da*, hochdeutsch *ta*) ergiebt sich als die gemeinsame Wurzel aller jener Worte..... In etwas späterer Entwickelungsstufe des Indogermanischen setzte man, um bestimmte Beziehungen auszudrücken, die Wurzeln, die damals noch als Worte fungierten, auch zweimal, fügte ihnen ein anderes Wort, eine andere Wurzel, bei; doch war jedes dieser Elemente noch selbständig. Um z. B. die erste Person des Praesens zu bezeichnen, sagte man *dha dha ma*, aus welchem im späteren Lebensverlaufe der Sprache durch Verschmelzung der Elemente zu einem Ganzen und durch die hinzutretende Veränderungsfähigkeit der Wurzeln *dhadhâmi* (altind. *dádhâmi*, altbaktr. *dadhâmi*, griech. τίθημι, althochdeutsch *tôm, tuom* für *tëtômi*, neuhochdeutsch *thue*) hervorgieng. In jenem ältesten *dha* ruhten die verschiedenen grammatischen Beziehungen, die verbale und nominale sammt ihren Modificationen noch ungeschieden und unentwickelt, wie solches sich bis jetzt bei den Sprachen beobachten lässt, die auf der Stufe einfachster Entwickelung stehen geblieben sind." — Dies ist die eine Richtung, in welcher die appercipirenden, bez. zu appercipirenden Vorstellungsmassen durch die Sprache determinirt und praecisirt werden.

24. Nach der anderen Richtung vollzieht sich diese Determinirung dadurch, dass die Vorstellungsmasse, welche früher ungetheilt zu einem oder mehreren Wörtern gehörte,

sich im Laufe der Entwickelung spaltet und sich zu einem Theile dem einen, zum anderen Theile einem anderen Worte zuordnet, mithin sich an jedes differente Wort auch eine feiner differenzirte und praeciser begrenzte Apperceptionsmasse anschliesst. L. Geiger, welcher als historische Beispiele u. a. der und die See. Bett und Beet anführt, bemerkt mit Recht, dass die Neigung zur Schaffung von Sonderbedeutungen noch heute wirksam sei.[10])

25. Aus dem Gesagten erhellt übrigens zugleich zu einem, wenn auch geringen Theil, warum die Sprache als ein so ausserordentlich zweckmässiges und kraftersparendes Besitzthum wirkt. Auch der nächstfolgende Abschnitt wird zu dieser zweckmässigen Wirksamkeit einen Beleg bringen. Dem Princip des kleinsten Kraftmasses gehorchend haben wir die Sprache uns unverlierbar angeeignet, und diesem Princip gemäss entwickelt sie sich auch selbst.[11])

VI.

26. Werfen wir nunmehr einen Blick auf die theoretischen Apperceptionen hinsichtlich ihrer Leistung. Ihre Entstehung verdankten sie dem Bedürfniss, das Denken zu entlasten: von zwei entlastenden, einen gleichen Kraftaufwand repraesentirenden Vorstellungen wird aber jene am meisten dem Princip der Zweckmässigkeit genügen, welche mit der Entlastung eine weitere — eine Mehrleistung verbindet. Eine solche Mehrleistung findet sich in denjenigen theoretischen Apperceptionen, welche ein Begreifen bewirken; und wie das feiner entwickelte Bewusstsein immer empfindlicher auf eine zweckmässige, bez. unzweckmässige Kraftverwendung mit den entsprechenden Lust- und Unlustgefühlen reagirt, so entwickelt es auch immer mächtiger und lebendiger den Trieb zu begreifen, und die Macht dieses Triebes illustrirt die Bedeutung, welche das Princip des kleinsten Kraftmasses im höher entwickelten Denken gewinnt: denn in diesem Princip wurzelt ja der

Trieb zu begreifen, wie alles Streben nach theoretischer Apperception.

27. Um uns indess die Funktion der theoretischen Apperception des Begreifens zu klarerer Einsicht zu bringen, weisen wir auf ihren Unterschied von der anderen theoretischen Apperception, dem Wiedererkennen, hin. Beide Apperceptionen haben die Aufgabe, ein Unbekanntes in ein Bekanntes umzuwandeln, indem sie das Unbekannte mit einem Bekannten auffassen. Die auffassende Vorstellung aber, welche das Bekannte enthält, kann zweierlei Art sein: eine Besonderheit oder eine Allgemeinheit, eine Einzelvorstellung oder ein Begriff. In der Auffassung durch die Einzelvorstellung wird die aufzufassende mit der auffassenden Vorstellung völlig gleichgesetzt; in der Auffassung durch einen allgemeinen Begriff die aufzufassende Vorstellung der auffassenden relativ untergeordnet. Im ersten Fall — und hier findet sich das Wiedererkennen — wird zu der aufzufassenden Vorstellung kein näherer oder reicherer Inhalt hinzugebracht; wohl aber geschieht das im anderen Fall, in der Bestimmung des Besonderen durch das Allgemeine. Zu dieser zweiten Art Apperception gehört nun das Begreifen.[12]) Durch diese Inhaltsvermehrung, welche die aufzufassende Vorstellung — ohne Vermehrung des Kraftaufwandes — durch den allgemeinen Begriff erfährt, drückt das Begreifen vorwiegend das theoretische Verhalten der Seele aus: es ist so zu sagen die theoretische Apperception *par excellence*.

28. Dass es aber auch die theoretische Apperception *par préférence* sei, ergiebt sich aus der vorzüglicheren Weise, in welcher das begriffliche Appercipiren eben dem Princip des kleinsten Kraftmasses genügt. Der allgemeine Begriff erfüllt nicht allein die Aufgabe, die gegebene Objektsvorstellung ohne wesentlich höheren Kraftaufwand mitzudenken und sogar ihren Inhalt zu bereichern, sondern er dehnt seine Wirksamkeit zugleich auf eine weitere Reihe solcher Vorstellungen aus, welche mit der Objektsvorstellung gleicher oder wenigstens ähnlicher Art sind. Nicht nur der ganze Inhalt, wo-

durch begriffen wird, sondern auch alle Objekte, auf welche dieser begreifende Inhalt bezogen werden kann, wird im Bewusstsein bewegt. In dem Beispiel, welches wir S. 2 Steinthal entlehnt hatten, wird mit dem allgemeinen Begriffe „Thier" nicht nur der ganze Inhalt dieses Begriffes, sondern auch unsere Erinnerungen an alle Wesen, die dem soeben begriffenen ähnlich waren, ja sogar Vorausnahmen solcher Objektsvorstellungen werden mitgedacht: „Wenn ich nun so etwas wiedersehe, werde ich auch sogleich wissen, was es ist."

29. Diese ausserordentliche Reichhaltigkeit und Vielseitigkeit der begrifflichen Apperception wird dadurch ermöglicht, dass die Seele das Bewusstsein der Intensität nach verschieden auf die Vorstellungen vertheilt. Da nämlich die Produktion von Bewusstsein keine unbegrenzte, sondern auf ein gewisses Mass beschränkt ist, so hat die Seele nur Ein Mittel, die Anzahl der Vorstellungen selbst in's Unbestimmte zu vermehren, nämlich den Vorstellungen eine immer geringere Intensität zuzuertheilen: sie denkt mit dem selben Mass Bewusstsein mehr Vorstellungen, wenn sie dieselben mit geringerer Bewusstseinsintensität denkt. Diese Sparsamkeit mit dem Bewusstsein haben wir bereits bei der Gewohnheit gefunden und darin ein Moment erblickt, wodurch die Seele dem Princip des kleinsten Kraftmasses genüge.[13])

In solchen Fällen, wie beim theoretischen Denken, wo es der Seele neben der Bestimmung an dem Reichthum der Vorstellungen liegt, wird also das Princip der Zweckmässigkeit die Forderung an sie stellen, lieber viel schwächer bewusste Vorstellungen, diese aber in grosser Reichhaltigkeit zu erzeugen. Das begriffliche Denken ist es nun, welches dieser Forderung genügt; hier begegnet sich der Satz der Logik, dass der Inhalt eines Begriffes im umgekehrten Verhältniss zu seinem Umfang steht, mit dem Satz der Psychologie, dass sich die Intensität der Vorstellungen umgekehrt wie ihre Menge verhält.[14])

VII.

30. Wie wir nun das Begreifen das vorzügliche und eigentliche theoretische Verhalten der Seele nannten, so möchten wir unter den Wissenschaften diejenigen in besonderem Sinne „Wissenschaft" nennen, deren Aufgabe es ist, uns die auf den verschiedenen Erfahrungsgebieten gegebenen Erscheinungen begreiflich zu machen — im Gegensatz zu den anderen Wissenschaften, welche sie uns nur aufzeichnen und beschreiben. Doch kommt es uns hier nicht darauf an, den Unterschied der Disciplinen abzuschätzen; wir wollten zuvörderst nur das Dasein solcher Wissenschaften constatiren, welche dem Triebe zu begreifen ihre Entstehung und Entwickelung verdanken.

31. Sodann wollten wir an diese Thatsache die Frage knüpfen: ob die eine Wissenschaft, die sich so stolz die „Wissenschaft der Wissenschaften" genannt hat, ob die Philosophie in den Kranz derer gehört, deren Aufgabe ist: zu begreifen.

Die Philosophie ist noch nicht dahin gekommen, diese erste, scheinbar so einfache und so selbstverständliche Frage endgültig beantwortet zu haben. Wie sollten wir auch einen allgemein anerkannten Begriff der Philosophie aufweisen können, da wir noch immer keine Philosophie, sondern nur Philosophieen besitzen? Auch beabsichtige ich im Geringsten nicht, nun selbst die aufgeworfene Frage hier oder überhaupt endgültig entscheiden zu wollen; wenn ich auch nicht vermeiden kann, dass die folgenden Blätter eine individuelle Behandlung und Beantwortung der Frage wenigstens nach einer Seite hin mit sich führen werden. Als ich oben die Frage stellte, ging ich nicht auf ihre logische Erledigung aus; ich hatte die Eventualität einer historischen Beantwortung im Auge, und eine solche kann in der That gegeben werden. Und dass sie in bejahendem Sinne ausfallen werde, kann Niemand zweifelhaft sein, der die Geschichte der Philosophie noch so oberflächlich kennt. Wie immer jedes System seine Aufgabe näher bestimmt hat, es ging auf ein Begreifen aus; und selbst die philosophischen Untersuchungen, welche sich mit der Kritik der Begreifbarkeit der Welt u. s. w. beschäftigten, geben nur ein indirektes Zeugniss ab von der allgemeinen Richtung der Philosophie eben auf das Begreifen.

32. Und somit fänden wir denn in dem Princip des kleinsten Kraftmasses wie im Allgemeinen den Grund aller theoretischen Apperceptionen, alles Triebes zu begreifen und aller begreifenden Wissenschaften, so im Besonderen auch die Wurzel der Philosophie.

B.

Die Aufgabe der Philosophie.

1.

33. Die Zweckmässigkeit des Begreifens beruhte, wie sich in unserer bisherigen Entwickelung ergab, in zweierlei: insofern es überhaupt eine theoretische Apperception ist, in der Zurückführung eines Unbekannten auf ein Bekanntes; insofern es speciell eine begriffliche Apperception ist, in der Subsumtion unter einen allgemeinen Begriff. Allein diese beiden Momente enthalten nicht nur den Grund der Zweckmässigkeit des Begreifens; sondern sie bilden zugleich die Bedingungen des Begreifens selbst, die beiden unumgänglichen Erfordernisse, welche vorhanden sein müssen, wenn überhaupt ein Begreifen zu Stande kommen soll. Ein Bekanntes und ein allgemeiner Begriff sind eben die Mittel oder Werkzeuge oder Faktoren, durch deren Wirken ein Begreifen erzeugt wird. Wo Eines derselben völlig fehlt, mögen immerhin seelische Processe in reichster Fülle entstehen; derjenige des Begreifens kann nicht unter ihnen sein.

34. Damit sind denn auch in einfachster Weise die Grenzen des Begreifens bestimmt, wenigstens vorläufig und so weit wir deren Bestimmung für unseren Zweck brauchen:

2

vorausgesetzt, dass eine Vorstellung vorhanden ist, welche als bekannt gilt, werden die Grenzen unseres Begreifens so weit reichen, als unsere entsprechenden Begriffe reichen. Diese reichen aber hinab bis an den sozusagen absolut einfachen Begriff, bez. den Begriff des absolut Einfachen — und hinauf reichen sie bis zu dem so zu sagen absolut allgemeinen Begriff, bez. dem Begriff des absolut Allgemeinen. Beim absolut einfachen Begriff findet das Begreifen seine (untere) Grenze, weil sich unter einen solchen Begriff kein einfacherer mehr subsumiren lässt; und bei dem absolut allgemeinen Begriff erreicht das Begreifen seine (obere) Grenze, weil es keinen allgemeineren Begriff mehr geben kann, unter welchen der absolut allgemeine Begriff subsumirt werden könnte. Daher betrachten alle Wissenschaften, welche auf ein Begreifen abzielen, ihre Aufgabe als erfüllt, wenn sie ihre Materie einerseits in die einfachsten Bestandtheile begrifflich aufgelöst, andererseits diejenigen Begriffe aus ihr abgeleitet haben, welche am völligsten die Gesammtheit der Erscheinungen umfassen: das sind die allgemeinsten Begriffe und die höchsten Gesetze.

35. Denn auch die Gesetze sind begriffliche Apperceptionen; nur beziehen sie sich nicht, wie die Begriffe im engeren Sinne, auf die Eigenschaften gleichartiger Dinge, sondern auf die Eigenschaften gleichartiger Vorgänge.[15]) Daher stellt das Suchen nach Gesetzen genau dasselbe Streben zu begreifen dar, wie das Streben, in Begriffen zu denken; und hat, wie dieses, seine Wurzel im Princip des kleinsten Kraftmasses. Daher hat auch, wie wir gleich hier anmerken können, das Gesetz keine andere objektive Gültigkeit, als der Begriff, und beider objektive Gültigkeit beruht nur auf der Erfahrung der unter ihnen subsumirten Einzeldinge und Einzelvorgänge.

36. Begriff und Gesetz können ihre Funktion, Einzelvorstellungen — mögen diese nun Dinge oder Vorgänge enthalten — unter sich zu befassen (zu subsumiren) nur dadurch vollziehen und somit dem Princip der Kraftersparniss so hervorragend genügen, dass sie von den

Einzelvorstellungen das in sich aufnehmen und sammeln, was diesen gemeinsam ist. Durch diese Zusammenfassung des Gemeinsamen stellen sie dann eine Einheit dar, welche als begriffliche die materiale Einheitlichkeit der Einzelvorstellungen (Dinge und Vorgänge) repraesentirt. Wie nun die Einzelvorstellungen in dem allgemeinen Begriff, bez. dem Gesetz, ihre Einheit finden, so die niedreren allgemeinen Begriffe und Gesetze wieder ihre Einheit in höheren, allgemeineren Begriffen und Gesetzen; an der Spitze stehen dann die höchsten und allgemeinsten Begriffe und Gesetze, welche die höchsten Einheiten enthalten — das Allgemeinste unter sich befassen. So zeigt sich denn das Princip des kleinsten Kraftmasses, indem es die Wurzel des Triebes zu begreifen ist, nun auch als die Wurzel alles Strebens nach Einheit überhaupt, nach höherer Einheit in's Besondere.

37. Daher widerspricht denn auch die Vorstellung einer Mehrheit von höchsten Einheiten noch immer unserem Princip; dem feiner entwickelten Gefühl ist diese Mehrheit noch immer eine mit intellektueller Unlust empfundene Belastung des Bewusstseins. Beweis davon ist die Geschichte der Entwickelung des menschlichen Denkens, welche trotz aller Enttäuschungen ein immer neues Ringen nach dem einen Ziele aufweist: die Zahl jener höchsten Einheiten mindestens auf zwei — die zwei womöglich auf eine zurückzuführen.[16])

II.

38. Aus unserer Entwickelung ergiebt sich von selbst, was der Inhalt der gesuchten Einen höchsten Einheit im Gebiet des theoretischen Denkens sein müsse: das Gemeinsame alles dessen, was uns in der Erfahrung gegeben ist. Der Inhalt der höchsten Einheit, des allgemeinsten Begriffes, muss sich mit Nothwendigkeit auf das Allgemeinste und daher auf die Gesammtheit des Seienden beziehen.

39. Es ist hier nicht die Stelle, zu untersuchen, ob es eine solche höchste Einheit giebt, oder mit anderen Worten: ob dieser Forderung, dass der höchste Begriff das Gemein-

same alles in der Erfahrung Gegebenen zu enthalten habe, nun auch das gesammte Gegebene dadurch entspricht, dass es selbst wirklich ein gemeinsames Materiale enthält. Wir haben hier nur das Streben nach einer höchsten Einheit angeführt, weil darin zugleich das Streben involvirt liegt, die Gesammtheit begreifend zu denken. Wir hätten dieselbe Thatsache schliesslich auch dem Dualismus entnehmen können, denn seine Theilung der Welt in zwei nicht mehr zu versöhnende Gegensätze beweist immerhin gleichfalls ein auf die Gesammtheit gerichtetes Denken; aber es schien uns, dass das Streben nach letzter, höchster und einziger Einheit jenes Streben, die Gesammtheit begreifend zu denken, evidenter ausdrücke.

40. Wenn wir uns nun umsehen, wo dies auf die Gesammtheit gerichtete Denken seine wissenschaftliche Entwickelung gefunden habe, so liegt auf der Hand, dass wir nicht bei denjenigen Disciplinen danach suchen dürfen, welche sich mit der Erforschung einzelner Theile, Zweige oder Seiten des in der Erfahrung Gegebenen beschäftigen. Wir werden vielmehr das Vorhandensein eines besonderen wissenschaftlichen Denkens erwarten, welches — im Gegensatz zu den Einzelwissenschaften im engeren Sinne — die wissenschaftliche Erfassung der Gesammtheit als seine eigenthümliche Aufgabe betrachtet. Dies wissenschaftliche Denken würde sich mithin von den Einzelwissenschaften durch den Umfang seines Objektsbegriffes zwar unterscheiden, durch den Inhalt desselben aber zu diesen in der allerinnigsten Verbindung stehen; denn dieser Inhalt muss sich, seiner Entstehung nach, in den Gegenständen der betreffenden Einzelwissenschaften, wenn auch nur in ganz unbestimmter Form, wiederfinden, und muss, als allgemeinster Begriff, das besondere Begreifen der Einzelwissenschaften zu einem allgemeinsten erheben.

41. Ein solches, auf die Gesammtheit gerichtete, wissenschaftliche Denken existirt in der That; nach dem Zeugniss der Geschichte ist es die Philosophie.

Indem wir zugleich uns erinnern, dass dies auf die

Gesammtheit gerichtete Denken in Begriffen und zum Zwecke eines Begreifens geschieht, und dass ferner dies begriffliche und begreifende Denken durch das Princip des kleinsten Kraftmasses bestimmt ist, dürfen wir also nach dem Gesagten die Philosophie als das wissenschaftlich gewordene Streben auffassen, die Gesammtheit des in der Erfahrung Gegebenen mit dem geringsten Kraftaufwand zu denken.

42. Die Gesammtheit aber des in der Erfahrung Gegebenen, bez. dessen, was in einer Erfahrung überhaupt gegeben werden kann, nennen wir die Welt: mithin fassen wir **Philosophie als Denken der Welt gemäss dem Princip des kleinsten Kraftmasses.**

Zweiter, ausführender Theil.

A.
Die Methode der Philosophie.
I.

43. Wenn unsere Untersuchung einerseits die Philosophie — ihrer Aufgabe nach — an das Ende der Reihe der Wissenschaften stellt, insofern die Philosophie zu ihrer eigenen Arbeit die Herausbildung und Ausbildung der Einzelwissenschaften voraussetzt; so muss unsere Erwägung andererseits, in Uebereinstimmung mit dem Zeugniss der Geschichte, der Philosophie den der Zeit nach ersten Platz zuerkennen. Auch das folgt aus ihrem Wesen: da die allgemeinsten Begriffe die Vorstellungen aller Einzeldinge unter sich subsumiren lassen, mithin das Begreifen aller Einzeldinge ermöglichen, so ist dem Trieb zu begreifen am schnellsten und einfachsten genügt, wenn sich das Denken der allgemeinsten Begriffe bemächtigt, welche es aber nur gewinnen kann, indem es sich auf die Gesammtheit der gegebenen Einzeldinge richtet; folglich muss sich das Denken zuerst eben dieser Gesammtheit zuwenden und die Philosophie, gemäss der Forderung des Princips des kleinsten Kraftmasses, an die Spitze der Entwickelung des begreifenden Denkens treten. Gemäss demselben Princip geschieht dann auch die Weiterentwickelung der Philosophie, insofern diese Weiterentwickelung eine immer umschränktere

Determinirung bedeutet und diese Determinirung unter dem Princip des kleinsten Kraftmasses steht. Ein Blick auf diesen Process wird uns für den Fortgang unserer Untersuchung von Nutzen sein, auch wenn wir ihn, uns einem anderen Zwecke zuwendend, vorwiegend von einem anderen Gesichtspunkte aus thun werden.

44. Dieser Determinirungsprocess wird sich zuvörderst durch die Forderung einleiten, dass sich die Begriffe der Einzeldinge auch wirklich unter den aufgestellten allgemeinen Begriff subsumiren lassen. Der betreffende Begriff kann aber seine geforderte allgemeine Gültigkeit immer nur an der Allgemeinheit des Gemeinschaftlichen aller Einzeldinge, welche unter ihn subsumirt werden sollen, ermessen. Sobald daher ein allgemeiner Begriff aufgestellt ist, müssen die Einzeldinge, um unter ihn subsumirt werden zu können, daraufhin geprüft werden, ob sich der Inhalt des allgemeinen Begriffes in ihnen auch wiederfinde. Das ist der eine Weg zu einem gültigen allgemeinen Begriff zu gelangen; der andere ist, zuvörderst die Einzeldinge zu erforschen, um in ihnen das Gemeinsame zu finden, dessen sodann bewirkte begriffliche Fassung den gesuchten höchsten Begriff ergiebt. Beide Wege — und man wird nie ausschliesslich nur Einen gegangen sein — können also die Nothwendigkeit nicht umgehen, um ein höchstes, allgemeinstes Begreifen zu ermöglichen, ein speciales auszubilden. Der Zweck dieser Specialforschung kann für die Philosophie immer nur der Hülfsdienst sein, die Aufstellung eines allgemeinen Begriffes als gültigen vorzubereiten oder die Gültigkeit eines aufgestellten zu controliren. Hiermit hat nun aber die Differenzirung des wissenschaftlichen, begreifenden Denkens und durch diese Differenzirung auch die Auflösung in Specialwissenschaften begonnen.

45. Noch zwar ist das Verhältniss der letzteren zur Philosophie ein doppeltes, beruhend in der Einheit der Person des Denkers und in der Einheit des Zweckes, der in ihrem soeben erwähnten Hülfsdienst besteht. Aber alsbald wird das erstere zu einem zufälligen. Der Philosoph

kann das Studium der Specialwissenschaften nur solange in sich vereinen, als seine Kraft ausreicht, diese zu beherrschen; sowie die Entwickelung der einzelnen Forschungsgebiete diese der Beherrschung Einer Kraft entzogen hat, muss Arbeitstheilung eintreten, und der Specialforscher nimmt ein Gebiet nach dem anderen in Anspruch, dessen Bearbeitung früher Aufgabe des Philosophen war. Hierdurch wird nun die Aufgabe des Philosophen determinirt; aber zugleich auch der eigentliche Arbeitsbezirk der Philosophie: es ist jetzt nicht mehr nothwendiges Erforderniss der Philosophie als solcher, jene Wissenschaften selbst auszubilden, welche zu ihr zwar im Verhältniss der Hülfswissenschaften stehen, sich aber von ihr losgelöst haben. In dieser Richtung muss sich also die Aufgabe der Philosophie immer mehr und mehr determiniren, je mehr sich Specialforschungen von ihr zu selbstständiger Entwickelung ablösen; der Umstand, dass zu einer gegebenen Zeit es der „Philosoph" ist, der eine Specialwissenschaft als Hülfswissenschaft treibt, darf nie ein Kriterium abgeben sollen, dass desshalb die Pflege jener Specialwissenschaft Aufgabe der Philosophie sei. Wie für die Naturwissenschaften schon längst die Zeit gekommen ist, nicht mehr in den Bereich der Aufgabe der Philosophie zu fallen, wie in unseren Tagen die Psychologie mehr und mehr aus dem Bereich dieser Aufgabe heraus- und in den der Naturwissenschaften hineintritt — so ist es nur in einem höheren Sinne zufällig, dass etwa Logik und Ethik, Völkerpsychologie und Aesthetik noch der „Philosophie" zufallen: alle sind sie im besten Fall nur philosophische Hülfswissenschaften, welche ebensowenig dadurch zur Philosophie werden, dass sie heute noch der „Philosoph" behandelt, als die Naturwissenschaften dadurch, dass sie der „Philosoph" nicht mehr als solcher weiterführt, aufgehört haben, philosophische Hülfswissenschaften zu sein. Durch diese allmälige Verselbstständigung und Loslösung aller dieser Special- und Hülfswissenschaften wird die geschichtliche Wissenschaftsentwickelung endlich bewussterweise die Aufgabe der Philosophie als solcher einfach dahin determiniren müssen, wovon diese selbst instinktiv ausging: auf das Problem des Begreifens der Gesammtheit, im Gegensatz zu allem speciellen Begreifen.

16. Das Resultat dieses Determinirungsprocesses fällt zunächst mit demjenigen zusammen, mit welchem wir die Erwägungen des vorhergehenden Abschnittes beschlossen. Doch tritt jetzt in der dortigen Formulirung der Aufgabe der Philosophie eine inhaltliche Determinirung hervor, welche allerdings schon immer in unserer Entwickelung involvirt lag, und welche daher auch kaum eine Abänderung des Aeusseren jener Formulirung benöthigen wird.

Das Denken der Gesammtheit der Einzeldinge differenzirt sich nämlich in zwei verschiedenen Formen, je nachdem in der Gesammtheit gedacht wird eine Zusammenfassung der Einzeldinge zu einem allgemeinen Begriffe, welcher das allen Einzeldingen Gemeinsame enthält, oder eine Zusammenfügung zu einer anschaulichen Vorstellung von einem Weltganzen, welches durch zeitliche Entwickelung zu dem geworden ist, als was es uns heute erscheint. In ersterer Denkweise ist der gewonnene Begriff das Mittel, ein allgemeines Begreifen aller Einzeldinge zu ermöglichen; in der anderen die anschauliche Vorstellung ein Objekt, welches nach naturwissenschaftlichen Principien selbst begriffen werden soll. Es kann nach unserer Darlegung nicht zweifelhaft sein, dass — wenigstens wenn unser Standpunkt nicht trügt — sich die Aufgabe der Philosophie nur auf die erstere Zusammenfassung determinire; während die letztere als Kosmologie der Naturwissenschaft reservirt werden müsse. Der philosophische Begriff enthält die Welt nur in der abstrakten Form des Gemeinsamen aller Einzeldinge, die Naturwissenschaft aber als Einzelding selbst, welches eine concrete und gewissermassen historische Form der Gestaltung jenes Allgemeinsten darstellt.

IIa.

47. Nachdem wir gesehen haben, welcher Art die Entwickelung der Philosophie die Aufgabe derselben im All-

gemeinen determinire, wollen wir unser Augenmerk auf die Faktoren richten, durch welche die Philosophie ihr Problem, das begreifende Denken der Gesammtheit, zu lösen hat. Wir hatten bereits früher als zwei wesentliche Elemente allen Begreifens das Vorhandensein eines Bekannten und eines allgemeinen Begriffs erforderlich gefunden. Sehen wir zuerst, wie sich der Begriff des Bekannten in der Entwickelung des wissenschaftlichen Denkens determinirt. Was das Bekannte in den Process des Begreifens einführte, war seine kraftersparende Funktion als Gewohntes, mithin seine so zu sagen physiologische Seite, die es neben der psychologischen — als Bestandtheil unseres Bewusstseins — hat. Solange die Tradition das Begreifen beherrscht, geschieht dasselbe durch Gewohnheitsvorstellungen, denn die traditionellen Vorstellungen sind eben dadurch Gewohnheitsvorstellungen; und die Tradition, d. h. die Gewohnheit (in zweiter Linie die auf ihr basirte Instanzenmasse) entscheidet für die Gültigkeit einer begrifflichen Apperception. Auch werden die traditionellen allgemeinen Begriffe von solcher Art und Breite sein, dass sich die Vorstellungen der Einzeldinge darunter subsumiren lassen; dies um so mehr, als die Einzeldinge im Anfang ihre theoretischen Bestimmungen zum grossen Theil ja aus den allgemeinen Begriffen beziehen, und nicht umgekehrt. Sobald sich im Laufe der geistigen Entwickelung die Begriffe der Einzeldinge differenziren und damit Merkmale aufweisen, welche ihre Subsumtion unter die Gewohnheitsvorstellungen hindern, muss auch eine Differenzirung des theoretischen Denkens eintreten, d. h. es muss neben dem stabilen traditionellen Begreifen sich ein fortschreitendes wissenschaftliches ausbilden, welchem die Gewohnheit nicht mehr als Massstab der Gültigkeit der Begriffe gilt. Hierdurch wird für das wissenschaftliche Denken die Verwendung des Bekannten nach seiner anderen, der psychologischen Seite determinirt.

48. Dieses Aufgeben der Gewohnheitsvorstellungen als wenn auch unbewusste Richtschnur des Begreifens scheint

freilich auf den ersten Blick unserem Princip des kleinsten Kraftmasses zu widersprechen; doch geschieht dies in der That nur scheinbar, denn für das (zunächst individuelle) Denken, welches die bequemen traditionellen Vorstellungen preisgiebt, haben diese eben nicht mehr die Vortheile der Gewohnheitsvorstellungen: die Gezwungenheit der Subsumtion sowohl, als der lästig empfundene Widerspruch wirken gerade kraftverzehrend, und das Denken muss, um anhaltender Kraftverschwendung vorzubeugen, durch eine zeitweilige Mehranstrengung eine neue Vorstellung suchen, in der es ruhen könne. Mithin geschieht die Aufgabe der ehemaligen Gewohnheitsvorstellungen gerade gemäss unserem Princip der Kraftersparniss, und bewirkt dieses, insofern es einer künftigen Ruhe eine zeitweilige Mehrleistung darbringt, auch hier die Weiterentwickelung. [17])

49. Mit der Determinirung des wissenschaftlichen Begreifens auf die Verwendung des Bekannten nach seiner psychologischen Seite ist der Determinirungsprocess aber noch nicht beendet. Die psychologische Seite des Bekannten bestand darin, dass es ein Besitzthum des Bewusstseins, einen Theil des Gewussten, des Wissens ausmacht, dass es überhaupt gekannt ist. Nach seiner psychologischen Seite ist das Bekannte gekannt, einfach weil wir es als in unserem Bewusstsein vorhanden erfahren. In diesem Sinne ist das Bekannte — ganz abgesehen, woher es sonst stammen möge — immer durch eine Erfahrung gegeben, ist eine Erfahrung, die wir in oder an unserem Bewusstseinsstand machen; und das Objekt gilt als so erfahren und so gegeben, wie es im Bewusstsein vorgefunden wird.

In der ursprünglichen Erfahrung liegt also das, was wirklich durch den Gegenstand inhaltlich gegeben ist, und alles das, was etwa das erfahrende Individuum in den Gegenstand hineingedacht haben möchte, noch völlig ungeschieden zusammen. So ist dem niedriger entwickelten Denken das Vorhandensein einer menschlichen Seele in irgend einem bewegten Naturkörper nicht eine zum Begreifen jener Bewegung herbeigezogene Hypothese, sondern eine

„Erfahrung"; gerade wie vielleicht noch heute mancher Naturforscher vermeinen mag, in der Bewegung des fallenden Steines auch die Kraft vor sich zu haben, die den Stein zur Erde reisst. Durch die Unterscheidung dessen, was in der Erfahrung wirklich gegeben ist, und dessen, was dem also Gegebenen von Seiten des Erfahrenden hinzugefügt, in dasselbe hineingelegt, mit ihm mitgedacht wird, unterscheidet sich zugleich das wissenschaftliche von dem naiven Erfahren. Indem sich das erstere in der Entwickelung des Denkens aus dem letzteren differenzirt, determinirt sich der Inhalt der Erfahrung, oder kurz: determinirt sich der Begriff der Erfahrung mehr und mehr auf das durch den Gegenstand allein Gegebene — und dies allein ist es, was die wissenschaftliche Erfahrung auf dem Höhepunkt ihrer Entwickelung enthalten darf.

50. Es benöthigt kaum noch der besonderen Erwähnung, dass mit dieser Determinirung der wissenschaftlichen Erfahrung nun auch das Bekannte, auf welches sich das wissenschaftliche Denken zu beziehen hat, determinirt worden ist. Wenn früher das Bekannte, um zur Mitwirkung im Process des Begreifens zugelassen zu werden, eben nur einen verfügbaren Bestandtheil unseres Bewusstseins auszumachen hatte, wird von ihm jetzt verlangt, dass es durch eine wissenschaftliche Erfahrung gegeben sei, damit — im Gegensatz zu dem naiven Begreifen — ein wissenschaftliches Begreifen erzeugt werde. Alles andere Bekannte, welches zwar dem denkenden Individuum noch so vertraut, nicht aber dem Gegebenen entnommen, sondern in dieses erst vom Erfahrenden hineingedacht worden ist, ist vom wissenschaftlichen Begreifen ausgeschlossen.

II b.

51. Wenn es auch an sich klar ist, dass Alles, was nicht durch den Gegenstand selbst gegeben ist, von der Verwendung als Bekanntes im wissenschaftlichen Begreifen ausgeschlossen sein soll; so ist doch nicht dem sich entwickelnden wissenschaftlichen Denken so ohne Weiteres be-

wusst gewesen, was denn eigentlich nicht mit dem Gegenstand gegeben, sondern nur vom Erfahrenden mitgedacht, bez. hineingedacht sei.

Zuvörderst sind es zwei Gruppen gewesen, welche das wissenschaftliche Denken als solche bezeichnet hat, die ein Hineindenken bewerkstelligen, daher von der Inhaltsbestimmung des Gegenstandes auszuschliessen sind: die timematologische und anthropomorphistische Apperception.

52. Die timematologische Gruppe zerfällt in die ethischen und ästhetischen Apperceptionen, welche beide auf eine Werthschätzung des Gegenstandes abzielen und dann das Resultat der Werthschätzung als Prädikat dem Gegenstande beilegen, indem sie ihn als gut oder schlecht, schön oder hässlich seiend charakterisiren. Von einer weiteren Würdigung dieser Gruppe kann hier füglich abgesehen werden, da sie nicht in der Richtung unserer Aufgabe liegt.

53. Wichtiger für uns ist die zweite Gruppe, die der anthropomorphistischen Apperceptionen; sie zerfallen zunächst in die mythologischen und in die anthropopathischen Apperceptionen, welche letzteren eine Determinirung der ersteren sind. Den Inhalt der mythologischen Apperceptionen bilden die Vorstellungen von unserem gesammten wollenden und handelnden Ich; während sich der Inhalt der anthropopathischen Apperceptionen auf die Vorstellungen von einzelnen Gemüthszuständen beschränkt. Als das Bekannte fungirt bei der mythologischen Apperception die in der naiven Erfahrung vorgefundene Vorstellung von unserer menschlichen Seele [1]) als Princip der Bewegung unseres Körpers; bei den anthropopathischen Apperceptionen liegt das Bekannte in der minder naiven, weil determinirteren Erfahrung, dass es gewisse Gefühle, wie die des Hasses, der Liebe, der Kraft, des Willens und dergl. sind, welche die Bewegung des Körpers zur Folge haben.

54. Soweit das Denken auf Gegenstände der Natur gerichtet ist, dienen diese Apperceptionen dazu, die Vorgänge in derselben begreiflich zu machen; und der allgemeine Unterschied zwischen dem naiven Begreifen und dem

der Naturwissenschaften begründet sich mithin durch den Verzicht derselben, jene Apperceptionen zum Begreifen der Natur zu verwenden. Das Begreifen der Naturwissenschaften entwickelt sich also zu um so grösserer Wissenschaftlichkeit, je entschiedener der Inhalt der anthropomorphistischen Apperceptionen aus dem Bereich desjenigen Bekannten ausgeschlossen wird, welches sie, die Naturwissenschaften, als zu diesem ihrem Begreifen verwendbar erachten.

55. Die Entwickelung des Denkens, in welcher sich die Verwendung des Bekannten auf die Zulassung nur desjenigen Bekannten determinirt, welches durch wissenschaftliche Erfahrung gegeben ist — diese Entwickelung würde demnach mit der völlig durchgeführten Abweisung der erwähnten anthropomorphistischen Elemente ihren Abschluss gefunden haben, wenn nicht genauere Untersuchungen des Denkens selbst eine neue und scheinbar ganz anders geartete Gruppe von Apperceptionen, welche in eigenthümlicher Weise den „Erfahrungsinhalt" beeinflussen, hätten entdecken lassen. Die Entdeckung bestand darin, dass namentlich Substanzialität und Causalität, welche in ihrer Beziehung zu den Eigenschaften, bez. Veränderungen der Dinge als Bekanntes im wissenschaftlichen Begreifen fungirten, als eine Bestimmung erfasst wurden, welche nicht in dem Materialen des wirklich Erfahrenen mitgegeben oder des wirklich Gegebenen miterfahren, sondern erst durch das Denken des Erfahrenden in dasselbe hineingelegt, hineingebildet werden. Hauptsächlich Kant, dessen Vorgänger Locke und Hume waren, hat den Nachweis geführt, dass Substanzialität und Causalität nur apriorische „Verstandesbegriffe" sind, durch welche wir das Materiale der Erfahrung denken. Wir nennen diese Apperceptionen die intellektualformalen.

56. So hätten wir denn dreierlei anthropomorphistische Apperceptionen, welche die Erfahrung beeinflussen: die mythologische Apperception, welche das wirklich Gegebene durch die Form unsres gesammten Seins, die anthropopathische, welche es durch Formen unseres Gefühls, und die

intellektualformale Apperception, welche es durch gewisse Formen unseres „Verstandes" auffasst. In jedem der drei Fälle besteht die Beeinflussung in dem Zusatz von Bestimmungen, welche nicht in dem wirklich Gegebenen enthalten sind, sondern durch den Erfahrenden hinzugefügt werden: eine menschliche Seele, ein menschliches Gefühl, eine menschliche sogenannte „Erkenntnissform."

In je höherem Grade nun das begreifende Denken zum wissenschaftlichen entwickelt ist, um so entschiedener, sahen wir, schliesst es alles das Bekannte, welches nicht in dem Gegebenen selbst enthalten ist, von der Verwendung zu seinem Zwecke, eben dem wissenschaftlichen Begreifen, aus. In unserer Zeit ist die Reinigung von der mythologischen Beimischung nahe daran, vollendet zu werden; die Reinigung der Erfahrung von anthropopathischenZusätzen wird wenigstens angestrebt. Dagegen dürfte die Frage, ob aus dem Inhalt des Erfahrenen gleicherweise die Zuthat der „apriorischen Verstandesbegriffe" entfernt und damit die κατ' ἐξοχήν reine Erfahrung hergestellt werden solle und könne, hiermit, meines Wissens, zum ersten Male als solche gestellt, und zugleich die Berechtigung zu dieser Fragestellung durch die Entwickelung des Denkens selbst begründet sein — wie sie auch aus dieser hervorgegangen ist.

57. Durch die in der angegebenen Form sich entwickelnde Determinirung des wissenschaftlichen Begreifens auf die Verwendung nur desjenigen Bekannten, welches in der reinen Erfahrung enthalten ist, sind wir auch in Stand gesetzt, wiederum der Frage nach den Grenzen des Begreifens, doch diesmal in einer anderen Richtung, näher zu treten und zugleich die gesuchte Grenze mit dem kürzesten Ausdruck zu bezeichnen. Nach den Richtungen des allgemeinen und einfachen Begriffs hatten wir die Grenzen schon früher (S. 17 f.) angegeben; wir konnten sie damals auch nur nach jenen zwei Richtungen andeuten, weil uns für die Grenzen, wenn ich so sagen darf: nach der dritten Dimension, nach Seite des Bekannten, noch der Massstab fehlte. In der That sind auch die Grenzen für das naive

Begreifen insofern unbestimmbar, als das naive Denken unterschiedslos Alles, was ihm eben als bekannt gilt, zu seinem Begreifen verwendet. Dadurch aber, dass wir zwischen dem naiven und wissenschaftlichen Begreifen eine Grenze zogen, haben wir auch unsere Aufgabe der Grenzbestimmung des Begreifens determinirt und durch diese Determinirung eine Lösung wenigstens für unsere Zwecke angebahnt. Aus unserer Entwickelung geht hervor, dass nach Seite des Bekannten das wissenschaftliche Begreifen durch die reine Erfahrung, als welche allein das wissenschaftlich Bekannte enthält, seine Begrenzung findet.

58. Schliesslich sei daran erinnert, dass die Entwickelung des wissenschaftlichen Denkens, welche die Verwendung des Bekannten auf das durch die wissenschaftliche Erfahrung Bekannte, dieses endlich auf die reine Erfahrung determinirt, sich wiederum als unter dem Princip des kleinsten Kraftmasses stehend erweist: denn vom Denken eines Gegebenen alles das ausschliessen, was es nicht selbst enthält, heisst, nicht mehr Kraft auf sein Denken verwenden, als der Gegenstand selbst erfordert.

III.

59. Nach dem, was über die Determinirung des verwendbaren Bekannten im wissenschaftlichen Denken gesagt worden ist, bleibt über diejenige der allgemeinen Begriffe kaum noch Etwas zu bemerken übrig. Die Determinirung ihres Inhalts unterliegt eben derselben Entwickelung, wie das Bekannte, und mit demselben Erfolg: dass nur solche allgemeine Begriffe zum wissenschaftlichen Begreifen als gültige verwendet werden, deren Inhalt aus der reinen Erfahrung stammt. Durch die Forderung dieses Ursprunges ist die Verwendung der allgemeinen Begriffe zugleich auf die materialen beschränkt und damit auch das blos formale Begreifen ausgeschlossen.

60. Was den Begriffsumfang betrifft, so ist auch die Verwendung der allgemeinen Begriffe durch unsere Darlegung wenigstens für das philosophische Begreifen deter-

minirt, nämlich auf die allgemeinsten Begriffe. Alle Begriffe, welche — obzwar sie allgemein sind und auch der reinen Erfahrung entstammen mögen — sich jedoch unter allgemeinere materiale Begriffe subsumiren lassen, werden von dem letztmöglichen, auf die Gesammtheit alles in der reinen Erfahrung Gegebenen gerichteten Begreifen ausgeschlossen.

Inwiefern endlich dieses Ausschliessen dem Princip des kleinsten Kraftmasses entspricht, ist ebenfalls angeführt worden.

IV a.

61. Nachdem wir uns früher der Richtung, nach welcher sich das Objekt des philosophischen Begreifens, und soeben derjenigen vergewissert haben, nach welcher sich die Beschaffenheit dieses Begreifens bestimmt, sind wir der Frage genähert, welches methodische Verfahren die Philosophie einzuschlagen habe, wenn sie sich nun ihres Objektes, der — wie sie kurz genannt werden mag: logischen Gesammtheit des Seienden, durch einen Begriff, welcher der reinen Erfahrung entstammt, bemächtigen will.

Da die der logischen entsprechende reale Gesammtheit des Seienden aus nichts Anderem bestehen kann, als aus den Objekten, welche als seiend erfasst werden, so könnte leicht als eine erste Aufgabe immerhin der Philosophie angesonnen werden, sich an der Herbeischaffung von Erfahrungsobjekten zu betheiligen. Zu solchem Geschäft müsste sie sich dann auch der Methoden bedienen, vermittelst deren überhaupt Objekte beschafft werden.

62. Diese Beschaffung geschieht in erster Reihe durch Beobachtung; alle naturwissenschaftlichen Methoden sind vornehmlich Methoden der Beobachtung, mögen sie nun auf blosser Uebung des einfach fixirenden oder vergleichenden, physischen und geistigen Auges, oder auf der Benutzung sinnreicher Instrumente oder endlich auf der Anstellung überzeugender Experimente beruhen. Mit diesen Methoden wird nicht nur das Vorhandensein eines Gegen-

standes constatirt, sondern derselbe auch eigenschaftlich oder inhaltlich bestimmt. Diese Methoden finden die Grenzen ihrer Anwendung an ihrer Anwendbarkeit auf die Objekte; sie sind aber nur dem gegebenen Einzelnen gegenüber anwendbar und mithin gehören sie auch den Einzelwissenschaften ausschliesslich zu, d. h. aber: überall, wo Einzelbeobachtung nöthig wird, sind auch nur die Einzelwissenschaften die berufenen Vertreter der Beobachtung.

63. Nun haben wir jedoch gesehen, dass die Philosophie nicht in dem Sinne Einzelwissenschaft sein kann, in welchem man überhaupt von Einzelwissenschaften spricht; oder mit anderen Worten, dass durch die Differenzirung der wissenschaftlichen Forschung ihr nicht dieses oder jenes specielle Gebiet der Naturbetrachtung, sondern eine gewisse begriffliche Gemeinsamkeit aller Gebiete zugefallen sei. Damit war selbstverständlich nicht gesagt, dass es dem Philosophen benommen sei, auch seinerseits Einzelforschung nach Bedürfniss zu treiben; was im Gegentheil, wenn auch aus anderen Gründen, nur wünschenswerth sein kann. Es ward blos dadurch geltend gemacht, dass es nicht Sache der Philosophie sei, bald diese, bald jene Einzelwissenschaft um desswillen als ihr integrirend zu betrachten, weil ihre Namensvertreter sich in bald diese, bald jene Einzelforschung, als zur Gestaltung der Philosophie am dringendsten erfordert, einlassen. Diese Einzelforschungen bleiben in dem Verhältniss der Hülfsleistungen. Insofern wir also zugeben müssen, dass die Philosophie als solche ihre Objekte aus den einzelnen Naturwissenschaften, welchen die Beschaffung und Beschaffenheit der Einzelobjekte speciellere Aufgabe ist, zu entnehmen habe, können wir auch der Philosophie die Beobachtungsmethoden der einzelnen Naturwissenschaften nicht als ihr zukömmliche zuertheilen.

64. Indessen stellen doch die erwähnten Methoden der Beobachtung nicht den einzigen Weg dar, auf welchem die Naturwissenschaften zu ihren Objekten gelangen. Vielmehr müssen jene Disciplinen, da alle Beobachtung durch mancherlei physische, bez. physiologische und psychologische

Momente beschränkt bleibt, dieselbe durch ein mehr rationales Verfahren ergänzen: indem sie von einem Bekannten auf ein Unbekanntes schliessen.

65. Vielleicht, dass mithin wenigstens in diesem Schluss vom Bekannten auf Unbekanntes das methodische Verfahren enthalten wäre, welches der Philosophie zwar nicht eigenthümlich, aber doch eigen wäre, gemeinsam mit den Naturwissenschaften. Je mehr in der That die Philosophie sich gestehen musste, dass sie auf dem engen Pfade der Beobachtung, gleichviel zu welchem Ziele, nicht recht vorwärts kommen wolle, um so mehr concentrirte sie ihre Erwartungen auf den Schluss vom Bekannten auf Unbekanntes, und es ward von ihren Vertretern das „Erschliessen" als das recht eigentliche, zu den schönsten Hoffnungen berechtigende Verfahren der Philosophie angepriesen.

66. Leider scheint es nicht, als ob diese Hoffnungen ihrer Natur nach geeignet wären, in Erfüllung gehen zu können. Schon die Frage, an welchem Punkte die Philosophie mit ihrem Schluss einzusetzen habe, bereitet einige Schwierigkeit. Wir haben gesehen, dass die Verwendung des Bekannten im wissenschaftlichen Denken einer Determinirung unterliegt, deren Tendenz auf die ausschliessliche Verwendung des durch die reine Erfahrung Gegebenen gerichtet ist. Die Philosophie, welche nicht die Existenz und einzelnen Bestimmungen specieller Erfahrungsgegenstände aufsucht, sondern nur das Gemeinsame aller Einzeldinge für ihre Zwecke braucht, würde daher mit ihrem Schluss vom Bekannten auf Unbekanntes mindestens erst bei ihrem Material, d. h. bei der reinen Erfahrung einsetzen dürfen. Diese aber ist es, die gar erst noch zu beschaffen bleibt.

67. Doch das mag ein Zweifel geringeren Gewichtes erscheinen; ein schwerer wiegender liegt schon in dem Gesagten angedeutet. Angenommen, die Philosophie wüsste genau den Punkt anzugeben, wo sie zur Hebung verborgener Schätze den Hebel ihres Lieblingsschlusses sicher ansetzen dürfte — welcher Art und welchen Nutzens gerade für sie könnten diese Errungenschaften sein? Denn die

Gegenstände oder Vorgänge, deren Vorhandensein die Naturwissenschaften durch einen Schluss sich gewinnen, sind immer gleichartig mit denen, von welchen aus geschlossen wurde; ihre, der Gegenstände, Verschiedenheit ist nur eine räumliche oder zeitliche oder specifische. Mit anderen Worten: das Unbekannte, das erschlossen wird, fällt unter denselben Begriff, wie das Bekannte, welches dem Schluss als Unterlage diente. Schlösse ich z. B. aus der Bahn eines Planeten nach dem Satz des Parallelogramms der Kräfte auf das Vorhandensein eines denselben anziehenden Centralkörpers, so fiele der erschlossene Körper seiner Beschaffenheit nach wieder unter den Begriff des Körpers, und seiner Bewegung nach wieder unter den Satz des Parallelogramms der Kräfte. Schlösse ich von der bekannten Umwandlung bekannter Bewegung und bekannter Wärme auf die Wärme als eine bisher noch unbekannte Art von Bewegung, so fiele auch diese besondere Bewegung unter den allgemeinen Begriff der Bewegung.

Nun kann freilich das Vorhandensein jenes Centralkörpers oder dieser besonderen Art von Bewegung für die Naturwissenschaft, als welche sich mit der Erforschung der Einzeldinge beschäftigt, und welcher jedes neue Objekt unter Umständen ein neues Problem stellt, von dem höchsten Interesse sein. Für die Philosophie wäre das doch nur dann ein Ereigniss, wenn das erschlossene Objekt oder eine erschlossene Eigenschaft eine völlig neue Begriffsbestimmung für das Seiende enthielte. Kein neuer Körper, dessen Constitution nicht den Begriff des Körpers, keine neue Bewegung, deren Art nicht den Begriff der Bewegung fundamental abänderte, würden das Material, welches der Philosophie von früher her, zur Verfügung stand, bereichern oder beeinflussen. Dies Material würde für sie nach wie vor das gleiche geblieben sein. Bestimmungen aber, welche einen fundamental neuen Inhalt, von dem wir bis dahin gar keine Vorstellung gehabt hätten, aufweisen würden, könnten überhaupt nicht aus Schlüssen, sondern nur aus

Beobachtung und Erfahrung im Sinne der Naturwissenschaft erwachsen.

Es fehlt mithin der Philosophie für eine eventuelle Anwendung des Schlusses vom Bekannten auf Unbekanntes völlig an brauchbaren Objekten, da jedes von einer gesicherten Basis aus und in gültiger Weise erschlossene Objekt einfach immer wieder unter den allgemeinen Begriff von Objekten fällt, von dem aus geschlossen ward.

68. Derselbe einschränkende Umstand würde auch dann in Kraft bleiben, wenn etwa die Philosophie den Schluss vom Bekannten auf Unbekanntes nach einer anderen Richtung erproben wollte. In unserem Beispiele ward durch den Schluss auf die Existenz eines Centralkörpers zugleich ein Begreifen der Bewegung des bekannten Körpers bewirkt, indem seine Bahn unter den Satz des Parallelogramms der Kräfte subsumirt wurde; ein höheres Begreifen würde eintreten, wenn man diesen Satz unter einen noch allgemeineren subsumirte, u. s. f. Die Philosophie, welche dadurch, dass sie das allen Einzelwesen Gemeinsame in einen allgemeinsten Begriff sammelt, ein Begreifen aller Einzeldinge bewirken will, könnte auf den Gedanken gerathen, den Fortgang zu einem noch höheren Begreifen, den die Abstraktion nicht mehr gönnte, durch einen Schluss zu erzwingen. Dass dieser Gewaltschritt jedoch nach Seite des Inhalts aussichtslos wäre, ist zur Genüge dargethan; dass er aber zugleich die beabsichtigte Wirkung verfehlen würde, erhellt aus der gleichen Erwägung. Das Erschlossene würde immer wieder unter den bereits vorhandenen Begriff fallen und somit nur den Umfang dessen erweitern, was durch jenen bereits begriffen wird, nicht aber das Begreifen selbst erhöhen. Denn die Höhe des Begreifens richtet sich nicht nach der ethischen, ästhetischen oder dynamischen „Höhe", welche wir, menschlichen Massstab anlegend, dem erschlossenen Gegenstand zuzuerkennen uns geeinigt oder gewöhnt haben, sondern nach der Abstraktionshöhe des Begriffs, welcher bei dem Begreifen fungirt.

69. Hat die Philosophie darauf zu verzichten, durch Schlüsse neue Objekte zu schaffen — welches überhaupt nicht ihres Amtes ist —, so bliebe ihr endlich vielleicht doch noch eine Möglichkeit, den Schluss vom Bekannten auf Unbekanntes innerhalb der beschränkteren und trotzdem eventuell wichtigeren Aufgabe zu verwenden, welche sie als die ihre insofern betrachten dürfte, als ihr an deren Lösung besonders viel gelegen sein muss: an der Herstellung der reinen Erfahrung. Allein was könnte sie hier durch jenen Schluss zu erreichen hoffen? Derselbe könnte doch nur ein Mehr zu Wege bringen wollen; aber nicht durch ein Plus, sondern durch ein Minus ünterscheidet sich die reine Erfahrung von der gemischten: die reine Erfahrung enthält ja eben dasselbe, was die gemischte umfasst; sie soll es nur nicht mit den Zusätzen enthalten, die das menschliche Denken hineingedacht hat und die in Wahrheit also gar nicht erfahren werden. —

70. Das Ergebniss unserer Betrachtung, welche das Verfahren des Schlusses vom Bekannten auf Unbekanntes in der Philosophie als aussichts-, bez. gegenstandslos ablehnen musste, wird denn auch bestätigt durch die Geschichte, welche in solchen Versuchen statt Realien Hypostasen, statt Materialem Formen, statt wirklicher Begriffsvermehrungen Tautologien aufweist und folglich keinen dieser Versuche unverworfen überliefert hat.

IV b.

71. Die naturwissenschaftlichen Beobachtungsmethoden entzogen sich der Philosophie, weil diese über der Aufgabe steht, einzelne den verschiedenen Gebieten des Seienden zugehörige Objekte zu beschaffen oder deren Beschaffenheiten aufzufinden. Auch den Schluss vom Bekannten auf Unbekanntes konnten wir nicht als das eigentlich philosophische Verfahren anerkennen, denn entweder stellte er nur ein Ergänzungsverfahren zu der Wirksamkeit der Beobachtungsmethoden dar und fiel mit dem Wegfall von

deren Aufgaben; oder aber er versuchte sich durch Mithülfe an der Reinigung der Erfahrung als philosophische Methode einzuführen, und wurde abgewiesen, weil er hier nichts leisten konnte. Im ersten Fall hatte er in der Philosophie keine Zwecke, im zweiten keine Mittel. Trotzdem also durch die vorhergehende Betrachtung unsere Frage nach der Methode der Philosophie immer noch unbeantwortet geblieben ist, war sie doch nicht so völlig vergeblich angestellt. Denn wenn wir die Arbeit oder die Vorarbeiten der Philosophie nur auf den Gebieten der Objektsbeschaffung und Erfahrungsreinigung eventuell zu suchen haben, und uns klar wurde, dass die Philosophie das erstere Terrain den Naturwissenschaften besser überlasse, so wissen wir dadurch wenigstens genauer, dass wir vorläufig nur nach solchen Methoden Umschau halten dürfen, von denen — nach der nothwendigen Untauglichkeitserklärung des Schlusses vom Bekannten auf Unbekanntes auch für diesen Zweck — die gemischte Erfahrung ihre Reinigung erwarten könnte. Es müsste sich mithin jetzt als die erste, der Philosophie zukommende Aufgabe die Gewinnung der reinen Erfahrung herausstellen. Und in der That hat sich auch die Philosophie neben den Erschliessungsversuchen vorwiegend mit der Behandlung dessen beschäftigt, was auf jeder entsprechenden Stufe des wissenschaftlichen Denkens als wissenschaftliche, als gereinigte oder gar reine Erfahrung betrachtet wird.

72. Diese Untersuchungen sind nun wesentlich kritischer Natur gewesen; und so schiene denn einfach die Kritik die Methode zu sein, welche die Reinigung der Erfahrung bewirkte. Zweifellos ist sie hierbei unentbehrlich; aber, wie überall, nur zur Vorbereitung des eigentlichen Gewinnes. Dass Kritik allein zur Herstellung der reinen Erfahrung nicht ausreicht, hat gerade der grösste kritische Philosoph, hat Kant bewiesen, dessen „Kritik der reinen Vernunft" an dem Punkte stehen bleibt, wo sie zu einer „Kritik der reinen Erfahrung" werden konnte. Eine solche „Kritik der reinen Erfahrung" dürfte sich nicht

dabei beruhigen, Zumischungen in dem, was als reine Erfahrung gegolten, aufzudecken; sondern sie müsste der kritischen Analyse ein weiteres Verfahren ergänzend zur Seite treten lassen, welches das negative Ergebniss der Kritik positiv verwerthete.

73. Dies hinzutretende Verfahren könnte aber in nichts Anderem bestehen, als in der Vollziehung eben der Reinigung, diese aber in nichts Anderem, als in der Elimination alles dessen, was sich in der Entwickelung des Denkens als Zumischung zur Erfahrung herausgestellt hat. Insofern es also im Gegensatze zu den Specialforschungen, welche auf Herbeischaffung neuen Erfahrungsmateriales ausgehen, Sache der Philosophie wäre, dies Erfahrungsmaterial zu reinigen, müsste auch, im Gegensatz und nach Ausschliessung der erfahrungschaffenden Methoden der Specialwissenschaften, die Methode der Elimination diejenige sein, welche als die eigentlich philosophische Methode zu betrachten bliebe.

74. Auch ist es wohl ein bedeutungsvolles Zusammentreffen, dass die Methode der Elimination diejenige ist, die wir bereits in der Determinirung der Aufgabe, des Materiales und Mittels der Philosophie angewandt finden. Denn alle diese Determinirungen vollzogen sich durch Eliminationen; und sogar die Frage nach der philosophischen Methode beschränkt diese durch Elimination aller anderen Methoden auf die Methode der Elimination. Unsere Entscheidung für letztere scheint also nichts zu sein, als ein explicite Darstellen dessen, was in unserer Entwickelung bereits implicirt lag, als ein bewusstes Weiterwandeln des Weges, den die Entwickelung — nicht nur unseres Gedankens, sondern des wissenschaftlichen Denkens überhaupt — nach dieser Richtung gleichsam instinktiv unter der Direktion des Princips des kleinsten Kraftmasses verfolgt.

V.

75. Um jedoch völlig gewissenhaft gegen uns selbst zu sein, dürfen wir uns einer noch weitergehenden Erwägung

nicht verschliessen. Wir hatten den Anschein erweckt, als müsse die Reinigung der Erfahrung für eine der Philosophie wesentliche Aufgabe gelten, als müsse daher auch die Methode der Elimination als die eigentlich philosophische betrachtet werden. Hiergegen kann man nun einwenden: Die Forderung der reinen Erfahrung in der Philosophie bedeutet nichts weiter, als dass der Inhalt ihres Objektsbegriffes — ihr Objekt aber war die Gesammtheit des Gegebenen — rein gedacht werde; das Streben mithin, den Inhalt der Erfahrung zu reinigen, ist gar nicht der Philosophie eigenthümlich, sondern allem wissenschaftlichen Denken gemeinsam. Dass dies Bewusstsein von der Erfahrungsreinigung als solcher den Philosophen, etwa vermöge ihres historischen Verhältnisses zur Psychologie, zuerst aufgegangen, beweist nach der vorliegenden Darlegung selbst nicht im Mindesten, dass diese darum gerade das eigentliche Geschäft der Philosophie sei. Gehen denn nicht auch die Naturwissenschaften darauf aus — indem sie in dieser Hinsicht die vergleichende Mythologie, Psychologie u. A. als Hülfswissenschaften benutzen — den Inhalt ihrer, die Erfahrung repräsentirenden Begriffe zu reinigen? Wenn die Philosophie den Inhalt ihres Gegebenen reinigt, so thut sie das nicht als Philosophie, sondern als wissenschaftliches Denken und wie jedes andere wissenschaftliche Denken. Die Philosophie unterscheidet sich im Wesen nicht durch diese Reinigung, sondern einzig und allein durch ihr Objekt, die begriffliche Gesammtheit des Gegebenen, von den Specialforschungen. Jener eventuelle Unterschied also zwischen naturwissenschaftlichem und philosophischem Denken, welcher sich auf den völlig gereinigten Inhalt der Erfahrung gründen möchte, ist nicht nur ein relativer, sondern auch ein willkürlicher, höchstens doch nur historisch berechtigter, und die Methode der Elimination gehört gleichfalls zu denen der Naturwissenschaften, welche damit der Philosophie ihren Inhalt gereinigt überliefern.[19])

76. Der Einwand ist richtig; er drängt zu einer Unterscheidung der Philosophie im engeren und weiteren Sinne

— letterer liegt in der That nur in der historischen Entwickelung begründet. Denn gesetzt, es wäre nie ein Denken auf die Gesammtheit gerichtet gewesen und damit nie Philosophie entstanden: so würde doch das Princip des kleinsten Kraftmasses die sich gegenseitig unterstützenden Specialforschungen allmälig zur äussersten Reinigung ihrer Erfahrungsbegriffe genöthigt und geführt haben. Für die Philosophie in ihrem eigentlichsten und engsten Sinn, als das auf das Begreifen der Gesammtheit des Seienden gerichtete Denken, müssen wir es uns gefallen lassen, wenn die Methode der Elimination so zu sagen zur Elimination auch dieser Methode zwingt. Dann ist Philosophie eben nichts weiter als der Akt der Zusammenfassung der von den Specialforschungen gefundenen und auch durch sie gereinigten allgemeinen Erfahrungsbegriffe in Einen, und die Anwendung dieses Einen Begriffs auf die Gesammtheit des Seienden; die Methode der Philosophie endlich kann dann aber nichts Anderes mehr sein, als der psychologische Vorgang, in dem alles Zusammenfassen und Begreifen besteht. Und wenn die Philosophie in diesem engsten Sinne auch nicht mehr eine Wissenschaft in der eigentlichen Bedeutung ist, so bleibt sie doch immer ein wissenschaftliches Denken. Anders als von einem solchen ward auch in dieser Entwickelung nicht von ihr gesprochen.

B.

Die Gestaltung der Philosophie.

I.

77. Ehe wir den letzten Schritt thun, der uns noch übrig, sehen wir auf die zurück, welche wir gethan.

Gemäss dem Princip des kleinsten Kraftmasses erzeugt sich eine Subsumtion einer Einzelvorstellung unter einen allgemeinen Begriff und, insofern die Einzelvorstellung ein zwar durch eine Erfahrung Gegebenes, seinen Bestimmungen nach aber ein Unbekanntes ist, durch diese Subsumtion unter den inhaltlich bekannten Begriff ein Begreifen. Es ist demnach das Begreifen ein kraftersparendes theoretisches Denken eines Gegenstandes, und die Gesammtheit der Gegenstände wird am kraftersparendsten gedacht, wenn diese unter einem allgemeinen Begriff gedacht werden. Dies Streben, die Gesammtheit der Gegenstände am kraftersparendsten d. h. unter einem allgemeinen Begriff zu denken, und somit ein Begreifen aller Einzeldinge zu ermöglichen, ist die Philosophie. Der allgemeinste Begriff, unter welchem die Einzeldinge zu denken sind, muss das allen Einzeldingen Gemeinsame enthalten. Dies Gemeinsame aber muss, damit es wirklich ein Gegebenes sei, durch die Erfahrung und zwar durch reine Erfahrung gegeben sein. Jede einzelne Erfahrung endlich wird gewonnen durch die specialwissenschaftlichen Beobachtungen und Erschliessungen, die Reinheit der Erfahrung überhaupt durch Elimination des als zugemischt Entdeckten.

Somit hängt von dem Inhalt des in der reinen Erfahrung Gegebenen nunmehr die Gestaltung der Philosophie ab.

78. Da nun aber alles Gegebene durch die Wahrnehmung gegeben ist, so schienen wir berechtigt, an Stelle der reinen Erfahrung einfach die reine Wahrnehmung zu setzen. Allein der Begriff der Erfahrung ist doch weiter als der der Wahrnehmung. Diese bietet immer nur ein einzelnes Wahrgenommene; ihre Aussage, als Urtheil gedacht, giebt den Gegenstand nur, wie er sich unter der Beschränkung der Wahrnehmungsfähigkeit und des jeweiligen äusseren und inneren Standpunktes dem Wahrnehmenden darstellt, lässt mithin die Möglichkeit zu, dass ihr Inhalt nach der einen Seite der Ergänzung, nach der anderen aber der Berichtigung bedürfe. Es müssen daher zur Beurtheilung des einzelnen Wahrgenommenen die Aussagen anderer Wahrnehmungen, in gewissen Fällen sogar Schlüsse aus solchen, herbeigezogen werden, um die so zu sagen individuellen Lücken und Mängel der Einzelwahrnehmung zu beseitigen.

Dieses System combinirter Wahrnehmungsurtheile und gültiger Schlüsse zum Zwecke ausreichender und richtiger Beurtheilung der einzelnen Wahrnehmung ist nun in der wissenschaftlichen Erfahrung enthalten. Es empfiehlt sich also, lieber von der reinen Erfahrung, als von der reinen Wahrnehmung zu sprechen, obzwar jede Wahrnehmung, die als solche oder als Unterlage zu einem gültigen Schlusse die Erfahrung constituiren hilft, rein gewesen sein soll. Auch wird die Wahrnehmung dadurch, dass sie solcherart durch die Erfahrung ergänzt wird, nicht zu Etwas, was man eine „gemischte" Wahrnehmung in dem Sinne nennen könnte, in welchem wir von einer gemischten Erfahrung sprachen; denn die Ergänzung soll durch die reine Erfahrung geschehen, welche inhaltlich nichts Anderes als reinen Wahrnehmungsinhalt, wenn auch den Inhalt anderer (Einzel-) Wahrnehmungen mit aussagt, nicht aber Zumischungen von Formen unseres Gemüthes oder „Verstandes" hineindenkt.

79. Befragen wir nunmehr die Naturwissenschaft nach den allgemeinsten Begriffen dessen, was sie als das durch Erfahrung und Erfahrungsschlüsse Gegebene betrachtet, so erhalten wir als erste Antwort: dass sie, die Naturwissenschaft alles Seiende als materielle Atome bestimmt, welche durch Kräfte bewegt werden und mit Nothwendigkeit auf einander einwirken.

Unsere Aufgabe wäre also: zu prüfen, was im Materiale dieser Antwort an reiner Erfahrung und was an Zumischung darin enthalten sei, und, indem wir das Zugemischte eliminiren, gleichzeitig das eventuell Festzuhaltende, bez. zu Ergänzende, mit Rücksicht auf unseren Zweck, der Herstellung eines höchsten Begriffes, zusammenzufassen.
— Das Ergebniss dieser Untersuchung ist freilich schon durch unsere frühere Berufung auf Kant, wenigstens nach einer Seite, anticipirt worden, zum Theil auch in die Anschauungen einer fortgeschritteneren Naturwissenschaft bereits übergegangen.

IIa.

80. Indem wir die Betrachtung der Atome als solcher einer späteren Gelegenheit vorbehalten, richten wir zunächst unser Augenmerk auf das, was die Atome bewegt — auf die Kraft.

Wir fragen also: Ist die Kraft — nicht als Bewegungs-Quantum oder Verhältniss, sondern — als **Bewegendes** in der reinen Erfahrung gegeben? Die Antwort lautet: Keine noch so genaue Beobachtung der bewegten Dinge lässt die Kraft wahrnehmen; und in dem einen Falle, wo wir Kraft wahrnehmen, nehmen wir sie nicht als Bewegendes wahr: das ist in unserer **Kraftempfindung.** Denn diese tritt wohl als ein die Bewegung unserer Glieder begleitendes, nicht aber als ein sie bewirkendes Gefühl auf. Und selbst wenn die Begleitung ein Vorangehen und die Bewegung ein Folgen wäre, so giebt doch keine Erfahrung in der Welt den Punkt, wo die empfundene Kraft (d. h. die Kraft als bestimmt qualificirte Empfindung) auf die Muskelbewegung einwirkt. Von einem solchen Process haben wir gar keine Vorstellung — einfach weil wir davon keine Erfahrung haben. Die Kraftempfindung und die Muskelbewegung sind völlig heterogen und daher kann auch nicht von der Empfindung auf die Bewegung ein Schluss stattfinden, der die mangelnde Erfahrung gültig ersetzte.

81. Ebensowenig ferner, wie die Kraft als Bewegendes, erfahren wir die Nothwendigkeit einer Bewegung. Mit der Kraft fällt die Nothwendigkeit; denn die Kraft ist das Zwingende, die Nothwendigkeit der Zwang. Was wir erfahren, ist immer nur: dass Eines auf das Andere folgt — weder Zwang erfahren wir noch Willkür, dass sie einander folgen.

82. Sofern also die Vorstellung der Causalität Kraft und Nothwendigkeit oder Zwang als integrirende Bestandtheile des Folgevorganges verlangt, fällt sie mit diesen. Ist der Zwang zur Bestimmung eines Vorganges als „causalen" nöthig, so wird durch die Hineindenkung des Zwanges in den Folgevorgang erst die Causalität geschaffen, kaum

anders als wie der Fetischismus den beseelten Gegenstand erst schafft, indem er eine menschliche Seele hineindenkt; und wie dann der Wilde den eingedachten Einfluss seines Fetischs dadurch zugleich begreift, dass er den betreffenden Gegenstand beseelt gedacht hat, so erzeugt allerdings auch die Hineindenkung der zwingenden Kraft ein gewisses Begreifen des Erzwungenseins der Folge — dies ist aber ebenfalls nur ein naives, anthropopathisches, von dem des Wilden blos dem Grad, nicht dem Wesen nach verschiedenes Begreifen. Denn das Bekannte, was ihm zu Grunde liegt, ist nur das Gewohnheitsbekannte des mit Kraftgefühl verbundenen menschlichen Erzwingens.

83. Nun kann Nothwendigkeit freilich auch bedeuten: dass jedesmal, wenn A eintritt, B folgen werde; drückt also, genau genommen, einen bestimmten Grad der Wahrscheinlichkeit (die Gewissheit) aus, womit der Eintritt der Folge erwartet wird und erwartet werden darf. Diese Gewissheit beruht auf der Erfahrung, insofern diese ein System combinirter Wahrnehmungsurtheile darstellt; denn einerseits ist in der Erfahrung B immer auf A gefolgt, andererseits niemals auf A ein non-B. Hierbei wird noch eine begriffliche Unterstützung dadurch herbeigeführt, dass Folgevorgänge, welche mit dem Vorgang AB gleichartig sind, zur Herstellung der Gewissheit in Bezug auf die Folge AB herangezogen werden. Doch ist diese Frage nach der Nothwendigkeit als Gewissheit für unseren Zweck irrelevant.

84. Dagegen ist es vielleicht angezeigt, ehe wir weitergehen, einer möglichen Missdeutung der hier vollzogenen Elimination der „Kraft" und der „Causalität" vorzubeugen. Beide wurden eliminirt insofern in ihnen anthropopathische Apperceptionen gefunden wurden; nicht aber insofern sie bestimmte empirische Verhältnisse zwischen zwei oder mehreren Körpern ausdrücken.

85. So bedeutet die Causalität immer noch, dass jeder Vorgang zu bestimmten früheren im Verhältniss der Folge stehe, drückt mithin den Gedanken der Continuität des Geschehens aus — und hat als solcher seine Berechtigung.

86. Im Princip des kleinsten Kraftmasses speciell ist hier das Verhältniss zwischen einem Vorgang, der als Zweck, und einem anderen, der als Mittel gedacht wird, ausgedrückt; man könnte es daher auch das „Princip des kleinsten Aufwandes von Mitteln" heissen, wie J. C. F. Zöllner bereits gethan.[20]

87. Zugleich werden „Kraft" und „Causalität" auch als abgekürzte Ausdrucksweisen vorläufig nicht zu entbehren sein.

II b.

88. Wie wir zu der Ansicht genöthigt waren, dass Bewegung nicht aus der Kraftempfindung erfolge — und nur als Empfindung erfahren wir Kraft —, so werden wir uns nun zu der Umkehrung des Satzes gedrängt sehen und sagen: dass die Kraftempfindung auch nicht aus Bewegung hervorgehe. In dieser Umkehrung lässt indess der Satz sogleich eine werthvolle Verallgemeinerung zu, dass nämlich Empfindung überhaupt — also gleichgültig welchen Inhaltes sie sei — nicht aus Bewegung hervorgehe. Der Wichtigkeit dieser Verallgemeinerung willen verdient das Problem eine eingehendere Erwägung.

89. Wie bei dem vermeintlichen Hervorgehen einer Muskelbewegung aus einer Empfindung, so beruht auch der Satz, dass Bewegung Empfindung hervorrufe, auf einer nur scheinbaren Erfahrung. Diese, die Wahrnehmung als Akt umfassend, bestände darin, dass in einer gewissen Art Substanz (dem Hirn) durch übertragene Bewegung (den Reizen) und unter Mitwirkung anderer materieller Bedingungen (z. B. des Blutes) Empfindung erzeugt werde. Allein — abgesehen davon, dass diese Erzeugung niemals selbst erfahren worden ist — es würde zur Constituirung der angegebenen Erfahrung, als einer in allen ihren Theilen wirklich vorliegenden, wenigstens der empirische Nachweis erforderlich sein, dass die Empfindung, welche durch eine übertragene Bewegung in einer Substanz hervorgerufen sein soll, auch nicht schon vorher in dieser irgendwie vorhanden

war; sodass ihr Auftreten nicht anders denn durch einen Schöpfungsakt Seitens der eingetretenen Bewegung aufgefasst werden kann. Nur durch den Nachweis also, dass irgendwo keine Empfindung, etwa als minimale, vorhanden war, wo jetzt solche angetroffen ist, würde eine Thatsache sichergestellt sein, welche, insofern sie einen Schöpfungsakt bedeutet, aller sonstigen Erfahrung widerspricht und alle sonstige Naturanschauung fundamental abändern würde. Jener Nachweis ist jedoch durch keine Erfahrung erbracht und durch keine Erfahrung erbringbar; vielmehr ist der absolut empfindungsentbehrende Zustand der später empfindenden Substanz nur hypothetisch. Diese Hypothese aber complicirt und verdunkelt unsere Einsicht, statt sie zu vereinfachen und aufzuhellen.

90. Hat sich somit die sogenannte Erfahrung, es entstände durch übertragene Bewegung in der alsdann empfindenden Substanz die Empfindung, bei näherem Zusehen als eine nur scheinbare erwiesen; so bliebe doch immer noch in dem restirenden Erfahrungsinhalt, dass nämlich zwar vorhandene, aber latente oder minimale oder sonstwie dem Bewusstsein entzogene Empfindung durch hinzutretende Bewegung befreit oder gesteigert oder bewusst werde, Erfahrungsmaterial genug, ein mindestens relatives Hervorgehen einer Empfindungsbestimmung aus Bewegungsverhältnissen zu constatiren. Allein auch dieses Stück des restirenden Erfahrungsinhaltes ist nur scheinbar vorhanden. Verfolgen wir durch eine ideale Beobachtung die von der bewegten Substanz A ausgehende, sich über die Reihe der dazwischenliegenden Medien fortpflanzende Bewegung bis sie die mit Empfindung begabte Substanz B erreicht hat, so finden wir besten Falles nur, dass gleichzeitig mit der Aufnahme der anlangenden Bewegung die Empfindung in der Substanz B entwickelt oder gesteigert ist — nicht aber, dass dies durch die Bewegung geschehen sei. — Wie ein solcher Akt aller Erfahrung vorenthalten bleibt, so ist er auch der eventuellen Erschliessung unzugänglich, denn wir kennen keine, wenigstens keine gültigen

Schlüsse, die constituirend in ein völlig heterogenes Gebiet übergriffen.

91. Wenn nun, nach der angestellten Betrachtung, Empfindung als Erzeugniss der Bewegung in keiner Weise weder wirklich erfahren noch gültig erschlossen werden kann, so bleibt vorläufig nur übrig, sie als eine Eigenschaft der betreffenden Substanz und damit die Existenz empfindender Substanzen auszusagen. Hierbei käme uns zugleich in immerhin beachtenswerther Weise der Umstand zu Statten, dass wir uns selbst als empfindende Substanzen erfahren; in welcher Erfahrung die Empfindung allerdings sicherer gegeben ist, als die Substanzialität. Letzteres Moment wird noch besonders unsere Aufmerksamkeit in Anspruch zu nehmen haben.

92. Führen wir uns jetzt in dem durch die dargelegte Erwägung veränderten Licht den Akt der Wahrnehmung vor Augen, so sehen wir also darin nicht mehr, dass sich Empfindung und Bewegung erzeuge, sondern nur, dass sich Bewegung von Substanz zu Substanz bis zu der empfindenden Substanz fortgepflanzt und dass diese mit ihrem Bewegungszustand auch ihren Empfindungszustand abgeändert habe. Will man nun das Verhältniss zwischen Erfahrungsobjekt und Erfahrungssubjekt als ein „causales" auffassen, so darf man wenigstens die Causalität nur auf die Combination der eintreffenden und der, der empfindenden Substanz eventuell eigen gewesenen Bewegung anwenden, nicht aber sie in einer aller Erfahrung wie Erschliessung entzogenen Umwandlung von Bewegung in Empfindung finden wollen.

IIIa.

93. Als wichtigstes Resultat der vorhergehenden Erwägung haben wir die Existenz empfindungsbegabter Substanzen erhalten. Wo immer wir in der Natur eine Empfindung anträfen, würden wir sonach auf eine solche, mit Empfindung begabte Substanz gestossen sein. Wenn hiernach die Empfindung als Prädikat zunächst nur einer gewissen Zahl Substanzen zukommt, so erhebt doch das

Bedürfniss, die Gesammtheit alles Seienden mit dem geringsten Kraftaufwand zu denken, — indem es hier wie in anderen analogen Fällen verallgemeinert — die Empfindung zur Eigenschaft der Substanz schlechthin. Diese Erhebung wird freilich durch den bereits berührten Umstand begünstigt, dass die Substanzen, die wir in Wahrheit zu erfassen glauben, nämlich wir selbst, mit Empfindung begabt sind, während wir wiederum keine Substanzen kennen, von denen wir aus Erfahrung wüssten, sie seien empfindungslos; denn der Behauptung, wir erführen doch von gewissen Substanzen, dass sie Empfindung nicht haben, lässt sich die andere gegenüberstellen, wir erführen nur nicht, dass sie welche haben: der Vortheil läge dann immer auf der Seite derer, welche die empfindenden Substanzen behaupten, weil diese wenigstens die einzige, hierin anstellbare Erfahrung für sich hätten — die Aussage des Selbstbewusstseins.

94. Es ist mir nicht zweifelhaft, dass die naturwissenschaftliche Weltauffassung sich im Laufe ihrer Entwickelung zu der Anerkennung der empfindenden Substanzen oder, in ihrer Sprache, der „bewussten Atome" wird entschliessen müssen, weil die Unmöglichkeit, die Empfindung aus der unempfindenden Substanz abzuleiten, allmälig nicht minder zum Bewusstsein kommen muss, als die weitere Einsicht, dass diese Unmöglichkeit eine dadurch selbstgeschaffene ist, dass man — entgegen aller Erfahrung, die man in dieser Richtung haben konnte — die zugrundeliegende Substanz der Empfindung von vornherein baar erklärt hatte.[21])

95. Allein die naturwissenschaftliche Weltanschauung wird in ihrer Entwickelung - als welche unter dem Princip des kleinsten Kraftmasses steht -- noch einen weiteren Schritt thun müssen, so hart, weil ungewohnt, derselbe auch ihren jetzigen Vertretern erscheinen mag. Wie gross die Erleichterung sei, die dem Denken durch eine Weltanschauung geboten wird, welche in der Welt nichts erblickt, als bewegte und bewusste Atome oder als Substanzen, deren Aeusseres durch Bewegung, deren Inneres

durch Empfindung bestimmt ist — so wird dennoch das Denken durch das sich kräftigende Bewusstsein, dass noch immer in dieser Auffassung ein der Erfahrung nicht entnommenes Moment enthalten ist — es wird durch das Bedürfniss nach der reinen Erfahrung immer von Neuem genöthigt werden, auch diese Weltauffassung einer Revision zu unterwerfen, mit der Tendenz, dieses fremde Element auszuscheiden.

Welches dieses auszuscheidende Element sei, ist schon mehrfach angedeutet worden. Zuletzt gegen Ende des vorhergehenden Abschnittes, als hervorgehoben ward, dass in der Erfahrung der empfindenden Substanzen die Empfindung gewisser gegeben sei, als die Substanz; früher und entschiedener S. 30, an welcher Stelle die Substanzialität als eine Bestimmung bezeichnet ward, welche nicht in dem Materialen des wirklich Erfahrenen mitgegeben, sondern erst durch das Denken des Erfahrenden in dasselbe hineingelegt werde. Die Substanz also ist es, deren Elimination sich die Entwickelung des Weltgedankens auf die Dauer nicht wird entziehen können.

96. Wenn es indess auch heute wohl keinem Zweifel mehr unterliegt, dass die Substanz nur in einer uncontrolirten Erfahrung scheinbar, in keiner geprüften Erfahrung wirklich enthalten sei, so mag es heute — und wer weiss, auf wie lange hinaus? — doch noch zweifelhaft scheinen, ob trotzdem nicht ihre geforderte Elimination aus anderen, etwa psychologischen Gründen eine Unmöglichkeit sei. Fast scheint es, als ob bei der bereits vollzogenen Elimination der Kraft als Bewegendes und mit ihr der Causalität die Sache einfacher gelegen habe; dort war die Einmengung eines subjektiven Gefühlszustandes zu ersichtlich und der durch die Elimination bewirkte Eingriff in das Wesen der Welt nicht so radikal, als dass man ihn nicht hätte leichteren Herzens oder freieren Geistes ausführen können. Hier handelt es sich jedoch nicht um einen so offenbaren Anthropomorphismus; dagegen wohl um eine die Welt im Innersten bestimmende Vorstellungsweise, welche mit unserem

ganzen Erfahren und Erfassen der Welt auf das Innigste verwebt erscheint. Diese Ueberlegung nöthigt uns denn, vor Vollzug dieser wichtigsten Elimination uns noch einmal genauer zu vergegenwärtigen, was denn eigentlich die „Substanz" bedeute; um danach zu entscheiden, in welchem Sinne sie eventuell zu eliminiren sei — in welchem etwa beizubehalten.

IIIb.

97. Zu unserem Zwecke müssen wir zuvörderst mit einem kurzen Blicke das Verhältniss streifen, in welchem Sprach- und Denkentwickelung zu einander stehen.

Die ursprünglichen Wahrnehmungen, welche die Sprache bezeichnet, enthalten den Gegenstand noch als eine complexe Einheit, welche zwar aus differenten Empfindungsmassen besteht, ohne dass indessen die Unterschiede durch Unterscheidung genügend zum Bewusstsein gebracht wären. Durch das, übrigens wiederum unter dem mächtigen Einfluss der Sprache sich mehr und mehr entwickelnde Unterscheidungsvermögen des Menschen wird die ursprüngliche complexe Einheit des wahrgenommenen Gegenstandes aufgehoben; doch nur, um sogleich durch eine neue Einheit höherer Art ersetzt zu werden: die differenten Eigenschaften (Qualitäten im engeren Sinn und Bewegungen) werden durch Unterscheidung bemerkt, durch Benennung relativ isolirt und, unter Wirkung der Associationsgesetze, nun wieder auf die ursprüngliche Einheit, welche gleichfalls durch die Sprache conservirt blieb, als auf ihr Subjekt in der Form von Prädikaten zurückbezogen.

98. Hiermit ist der ursprünglich bezeichnete, in sich ununterschiedene Gegenstand als Ding seinen in ihm und von ihm unterschiedenen Eigenschaften gegenüber getreten. Dies so herbeigeführte Verhältniss wird aber sofort wieder durch das (nicht minder unter dem Einfluss der Sprache) sich entwickelnde Selbstbewusstsein appercipirt, d. h. der Subjekt-Gegenstand wird unter der Form menschlichen Handelns und Habens aufgefasst, das „Ding" er-

scheint thätig und leidend, bewegend und besitzend: es führt seine Bewegungen aus, es besitzt seine Eigenschaften; wodurch denn zugleich auch dem Dinge sein causalenergischer Charakter anappercipirt wird.

99. Wie die Empfindungsunterschiede durch die eingetretene Unterscheidung aus dem ursprünglichen Gesammtcomplex des Wahrnehmungsgegenstandes herausgehoben und doch wieder auf denselben als seine Eigenschaften bezogen worden sind, so werden in demselben, nur etwas anders gerichteten Process die im Bereich der Ausdehnung des Gegenstandes gelegenen Flächen, auf welche die verschiedenen Empfindungen vertheilt erscheinen, eben durch die Unterscheidung der Empfindungen umgrenzt, durch diese Umgrenzung getrennt und gleichfalls sofort wieder zu der Einheit des ursprünglichen, nunmehr als Ganzes erfassten Dinges als seine Theile vereint.

100. Durch alle diese neben einander und durch einander vollzogenen Processe ist endlich der Eindruck von einem Gegenstande zu dem geworden, was man eine Wahrnehmung (als Resultat, nicht als Akt) im engeren Sinne zu nennen pflegt: eine intensiv bewusste, geordnete und einheitliche Vorstellung, bez. Anschauung, welche die differenten Empfindungen, aus denen sie entstanden, als unterschiedene Eigenschaften bestimmter und abgegrenzter, aus Theilen bestehender, wirklicher und wirkender äusserer Dinge enthält. — Dass in einer solchen Wahrnehmung faktisch nicht alle Elemente wahrgenommen, sondern zum Theil hineingedacht sind, war bereits durch die Unterscheidung der reinen und gemischten Wahrnehmung gegeben, geht aber auch wieder aus der soeben angestellten Erwägung hervor.[22])

101. Durch das Festhalten der ursprünglich complexen, ununterschiedenen Einheit (auch nach der inneren Gliederung derselben), welches die Sprache vermittelst des benennenden und bleibenden Wortes ermöglicht hatte, war also der einheitliche Gegenstand als Ding und Subjekt den Empfindungsinhalten als Eigenschaften und Prädikaten gegenübergestellt worden. Während nun aber in diesem neuen

Verhältniss die Eigenschaften als von dem Dinge (dem aktiv gedachten Gliede der eingetretenen Gegenüberstellung) abhängig aufgefasst bleiben, entwickelt sich das durch seine Entstehung und Bedeutung bevorzugte Ding zu immer grösserer Selbstständigkeit seinen Eigenschaften gegenüber; denn in dem einen oder anderen Theile seines Umfanges wechselt die eine oder andere Eigenschaft und verliert sich sogar, ohne dass dadurch die Existenz des betreffenden Dinges selbst aufgehoben wäre. Indem somit das Ding auf der einen Seite immer unabhängiger von dem Vorhandensein bestimmter, und auf der anderen Seite immer verträglicher mit dem Vorhandensein verschiedenartigster Eigenschaften (den disparaten gleichzeitigen und den succedirenden disjunkten) wird, bildet es sich heraus zu dem wesentlich oder eigentlich Seienden, das den selbstständigen Anhaltspunkt für die veränderlichen Eigenschaften und den ruhenden Mittelpunkt ihres Wechsels abgiebt.

102. Von hier aus bis zur Substanz bedarf es nur noch Eines Schrittes: das Verhältniss des Dinges als des Beharrenden und Zugrundeliegenden, im Gegensatz zu den Eigenschaften als des Anhängigen und Wechselnden, gelangt immer schärfer zum wissenschaftlichen Bewusstsein, es vollzieht sich die letzte Abstraktion von aller Besonderheit der mannichfaltigen Dinge und Eigenschaften, gleicherweise aber auch die Erhebung der relativen Beharrlichkeit, die dem Dinge immerhin nur zukam, zu einer absoluten — und die Welt zerfällt in zwei Classen von Existenzen: in die Substanzen, welche als wirklich, unzerstörbar und für sich seiend, und in Accidenzen oder Modi, welche als wandelbar und nur an den Substanzen seiend gedacht werden.[25])

103. Was ist nun in Wahrheit die Substanz? Ehe wir unsere letzte Antwort darlegen, heben wir noch ein Moment aus der Entwickelung dieser Vorstellung gesondert hervor.

Um wahrzunehmen, dass Etwas sich verändert habe, muss dieses Etwas selbst soweit unverändert geblieben sein, dass ich es noch als das frühere recognosciren kann; sonst fände ich nach seiner objektiven totalen Veränderung ein völlig neues Objekt vor und käme somit gar nicht zum Bewusstsein, dass eine Veränderung stattgefunden habe. Das heisst: zur Wahrnehmung aller Veränderung bedarf es einer Beziehung des Veränderten auf ein Unverändertes, wie es zur Wahrnehmung einer Bewegung, als welche ja gleichfalls eine Veränderung ist, der Beziehung auf ein Ruhendes bedarf.

104. Als die Sprachentwickelung ermöglichte, dass das Ding seinen Eigenschaften gegenübertrat, ermöglichte sie auch allererst das Bewusstsein von der Veränderlichkeit der Eigenschaften, denn ihre Veränderung konnte nun auf das gleichbleibende Ding bezogen werden. So war in der Vorstellung des Dinges der ruhende Punkt geschaffen, an welchem sich die immer feiner sich entwickelnde Wahrnehmung der Veränderung heranbilden konnte — und in demselben Masse als das Bewusstsein von der Veränderlichkeit der Eigenschaften zunahm, musste auch das Bewusstsein vom Beharren jenes Punktes sich ausbilden.

105. Freilich bleibt schliesslich in dieser eindringenden allgemeinen Veränderung des ursprünglich benannten, sinnlich wahrgenommenen Gegenstandes nichts übrig als das beharrende Wort — dieses, wie es die Vorstellung ermöglichte vom (relativ) beharrenden Ding, welches nicht mehr selbst wahrgenommen wird, aber alles sinnlich Wahrgenommene als seine Eigenschaften in sich vereinigt, das Wort, sage ich, ist es denn auch, welches endlich die höchste Abstraktion in dieser Richtung, die Vorstellung der Substanz ermöglichte. Denn die zunehmende Erfahrung von der Veränderung regt den, nach dem Absoluten verlangenden, menschlichen Geist an,[21]) die Veränderung in Gedanken in's Endlose fortzusetzen und, der absoluten Veränderung entsprechend, die Beharrlichkeit des zugrundeliegenden Beharrenden auch als absolute zu denken. So ist denn die Substanz nichts als der absolut ruhende ideale Punkt, auf den die Veränderungen bezogen wer-

den und der gedacht werden muss, um die Veränderungen absolut denken zu können.²⁵)

106. Die Substanz ist hiernach eine psychologisch nothwendige Hülfsfunktion, um zur Vorstellung der absoluten Veränderlichkeit zu gelangen, wie das Ding eine solche ist, um die relativen vorstellen zu können. Dem „Mechanismus" des Vorstellungslebens erliegend musste die Substanz-Vorstellung ebensowohl für ein unabhängig vom denkenden Subjekt Existirendes gelten, als es zur Zeit des mittelalterlichen Realismus die Begriffe gethan, welche nicht minder eine am gleichbleibenden Worte sich entwickelnde ideale Funktion sind. Und ebensowohl als heute die Begriffe aus dem Bereiche des als objektiv-real existirend Gedachten beseitigt sind, wird man sich entschliessen müssen, auch die Substanz daraus zu eliminiren. Und nur um Elimination aus dem als real existirend Gedachten kann es sich handeln; nicht um Elimination aus unserem Denken, das immer der Vorstellung eines Ruhenden bedarf, um die Veränderung erfassen zu können, und das sich mit Nothwendigkeit in den Formen bewegt, welche ihm die Sprache, in der es sich entwickelte, aufgedrückt hat.²⁶)

III c.

107. Wenn nach der angestellten Erwägung die Substanz nicht hoffen kann, aus ihrem Ursprung eine haltbare Berechtigung für ihr objektives Geltenlassen abzuleiten, so doch vielleicht trotzdem durch die Erwägung des Begreifens, welches sie durch ihr real Gedachtwerden dem menschlichen Denken der Welt gewährt. Prüfen wir also, welcher Art dieses Begreifen sei.

Der Gegensatz, in welchen die Substanz zu ihren Accidenzen getreten ist, war ein doppelter: die Substanz war das Beharrliche in dem Veränderlichen und das Zugrundeliegende für das Anhängige. Als Beharrliches war es weniger die Möglichkeit eines Begreifens der Veränderung, als die psychologische Hülfsleistung zu deren Vorstellen; wir werden also mehr auf der anderen Seite, in ihrem

Zugrundeliegen, das begreifenschaffende Moment zu suchen haben.

108. Diese Vorstellung des Zugrundeliegens ist nun bereits das Produkt einer längeren Entwickelung, welche — gemäss der Entwickelung des wissenschaftlichen Denkens — auf Abschwächung einer ursprünglich völlig anthropomorphistischen Apperception abgezielt hat. Letztere aber besteht in der schon erwähnten Auffassung des sich zu immer grösserer Selbstständigkeit loslösenden, in die Realität als Reales projicirten Subjektes durch das sich gleichzeitig ausbildende Selbstbewusstsein; das Subjekt ist diesem am Anfang gerade ein so energisch-aktives, wie das durch die Sprache entwickelte Ich; und seine Energie wird begriffen durch das als bekannt fungirende Verhältniss des thätigen Ich zu seinen Aktionen. Und hier wiederum ist der Punkt, an welchem die Causalitäts- und Substanz-Vorstellung zusammenfliessen.

109. Dieses durch eine naive Apperception bewirkte naive Begreifen hat sich nun als psychisches Ueberbleibsel erhalten durch alle Abschwächungen hindurch, welche das energische Subjekt erfahren, indem es zum Träger und, noch abstrakter, zum unbestimmten Zugrundeliegenden herabgedrückt wurde; es blieb die durch die Sprache hervorgerufene und conservirte Gewohnheit, die von aussen kommenden Einflüsse als Leistung eines in oder hinter dem Wahrnehmbaren befindlichen Etwas aufzufassen, und die Behauptung: wir könnten das ausser uns Seiende nicht ohne diese verborgene Substanz begreifen, beweist nur, wie tief eingewurzelt in dem Denken jene Gewohnheit noch ist und wie leicht uns auch heute das Gewohnte als Begriffenes erscheint.

110. Wie sehr nun dem modernen Denken ein solches Gewohnheitsbegreifen noch immer als werthvolle Erleichterung gelten mag, die weiterschreitende Entwickelung des Denkens wird dennoch — gemäss dem Princip des kleinsten Kraftmasses — diese Erleichterung allmälig und um so wahrscheinlicher aufgeben müssen, als die Substanz-Vor-

stellung endlich so grosse Beschwernisse herbeiführt, dass ihr Gewohnheitswerth nicht entfernt mehr ihre Nachtheile aufwiegt. Dies uns bewusst zu machen, werfen wir noch einen Blick auf die wichtigste jüngere Entwickelung des Verhältnisses des Dinges zu seinen Eigenschaften.

111. Es musste nämlich in der Ausbildung des Denkens der Punkt eintreten, wo es zum Bewusstsein kam, dass das, was man als Eigenschaften des Dinges bezeichnete, Empfindungen des empfindenden Subjektes seien; damit hörten die Eigenschaften auf, dem Dinge — wie doch ihre Benennung besagt — selbst anzugehören; sie traten aus ihrem ursprünglichen Anhängigkeitsverhältniss zum Dinge und dafür in ein idealistischeres Verhältniss zu dem empfindenden Subjekt. In Folge dessen musste sich eine Unterscheidung herausbilden zwischen dem Dinge, wie es für das empfindende Subjekt war, und dem Dinge, wie es an sich sein möge.

112. Diese Entdeckung des Dinges an sich musste indessen weitere veranlassen. Die Unterscheidung des Dinges an sich und des Dinges für uns basirte auf der älteren naiven Apperception, welche dem Dinge Energie beilegt — vermöge dieser Energie afficirte es ein anderes Subjekt. Nun aber entwickelte sich durch dieselbe schärfere Analyse, welche das Ding an sich entdecken liess, das weitere Bewusstsein, dass auch die Energie des Dinges nur eine Hineinappercipirung war; ebenso wie es die Substanz ist, welcher Umstand denn gleichfalls unverborgen blieb.

113. Hier ruhte nun zuvörderst die Entwickelung des Substanzbewusstseins; es erfasste nicht sogleich, dass jetzt die Substanz und ihre Energie eine doppelte Existenz führten: einmal als Ding an sich und seine Afficirung real, sodann als Substanz und Causalität „nur subjektiv". Als sich diese Doppelexistenz und mit ihr der darinliegende Widerspruch später in das menschliche Bewusstsein hob, musste die Unmöglichkeit, ebendiesen Widerspruch vom selben Standpunkte aus zu lösen, wieder das weitere Bewusstsein ent-

wickeln: es sei dieser Widerspruch unlösbar und in der Natur des menschlichen Denkens gegründet.

114. Allerdings ist er letzteres — er ist es, insofern das menschliche Denken ein Denken in der Sprache ist; aber er ist desswegen nicht unlösbar, weil unser Denken nicht absolut der Sprache unterworfen ist. Dasselbe Verfahren, welches uns vom Bann der Sprache emancipirt, hätte auch die Lösung jenes Widerspruches ermöglicht: der Akt nämlich, in dem wir uns bewusst machen, dass die Wurzel der Substanzvorstellung in der Sprachentwickelung haftet, und nicht im Bereich des ausser uns Seienden.

Noch heute tritt der Philosoph unter die Danaïden-Aufgabe, das Ding an sich in seinem objektiven Wesen zu „erkennen" oder doch den Umfang unseres „Erkenntnissvermögens" an dessen Erkennbarkeit, bez. Nichterkennbarkeit zu messen. Und diese ungeheure Summe von geistiger Kraft und bestgemeinter Arbeit verschwendet an die metaphysische Bestimmung einer hypostasirten Hülfsvorstellung, an ein in Wahrheit objektloses Problem, an die Auffindung eines Ariadnefadens aus einem vorher selbstgeschaffenen Labyrinth, welches schliesslich nur in der Meinung der Suchenden besteht. ²⁷)

IV.

115. Nachdem die soeben vollzogenen Erörterungen den Zweifel zerstreut haben, ob wir die Substanzvorstellung aus unserer Weltauffassung eliminiren können, und es zur hohen Wahrscheinlichkeit geworden ist, dass wir sie im Laufe der normalen Denkentwickelung daraus eliminiren müssen — so wird sie uns hier als eliminirt gelten dürfen.

116. Das Seiende war anerkannt worden als mit Empfindung begabte Substanz; die Substanz fällt weg, es bleibt die Empfindung: das Seiende wird demnach als Empfindung zu denken sein, welcher nichts Empfindungsloses mehr zu Grunde liegt.

117. Sonach bleibt uns nur noch die Bestimmung des Verhältnisses der Bewegung zur Empfindung übrig; wobei

freilich unter Bewegung nicht die blosse Ortsveränderung gemeint ist, sondern diejenige Bewegung, welche die Naturwissenschaft als Schwingung ihren Atomen auch dann beilegte, wenn diese sonst in keiner fortschreitenden Bewegung begriffen sind.

Muss angenommen werden, dass eine solche Bewegung existirt und dem Seienden wesentlich ist, so wird man dieselbe nicht ignoriren können, wenn das Seiende auch anders — als Empfindung — gedacht wird. Wir werden dabei aber festzuhalten haben, dass in der Bewegung kein neuer Inhalt des Seienden gegeben ist, insofern uns nur die Empfindungen zu Gebote stehen, um damit den Inhalt des Seienden zu bestimmen. Bewegung jedoch hat keine Empfindung zum Inhalt; wir haben zwar Bewegungsempfindungen, diese sind aber nur Gefühle, welche unsere Bewegungen begleiten, von denselben völlig verschieden und durchaus nicht mit ihnen zu verwechseln sind.

118. Auch erfahren wir die Bewegung nicht als etwas Isolirtes, sondern immer nur an einem Seienden, welches sich bewegt oder — da dieser Ausdruck wieder an eine Hypostase erinnert, und insofern eine gewisse Bewegung jenem Seienden eigenthümlich sein soll — sagen wir: welches diese Bewegung ist.

119. Insofern nun aber das Seiende nicht inhaltlich Bewegung sein kann, so wird am zweckmässigsten die Bewegung nur als Form des Seins bestimmt werden, im Gegensatz zu der Empfindung, welche den Inhalt alles Seins ausmachend gedacht wird.

120. Eine solche Auffassung lässt uns nicht mehr versuchen, Empfindung aus Bewegung abzuleiten,[28]) indem sie trotzdem der Erfahrung der engen Verbindung von Empfindung und Bewegung gerecht wird.

121. Insbesondere empfängt durch diese Auffassung unsere Vorstellung vom Wahrnehmungsakte eine wichtige Ergänzung insoweit, als der Bewegungsänderung die Empfindungsänderung überall coordinirt bleibt. Wir werden

also im Wahrnehmungsakte nunmehr, wo die Substanz als eliminirt gilt, nicht nur eine Fortpflanzung der Bewegung, sondern auch eine solche der Empfindung zu erblicken haben.

122. Doch wäre es voreilig, hieraus zu folgern, dass nun auch die subjektive Empfindung die gleiche wie die objektive sei, da gerade die Coordination von Bewegung und Empfindung mit der Bewegungsänderung, die — nach unserem jetzigen Wissen — im Wahrnehmungsakt gesetzt ist, eine Empfindungsänderung gebieten würde.

123. Aber wäre es vielleicht nicht minder voreilig, zu behaupten, dass wir darum nie dazu gelangen könnten, den normalen, eventuell unter den einfachsten Verhältnissen gegebenen Wahrnehmungsakt in einer Weise wissenschaftlich aufzufassen, welche die Anfangs- und Endbewegungen in jenem Akte gleichzusetzen erlaubte?

V.

124. Wir sind am Ende unserer Untersuchungen angelangt. Unsere Aufgabe war gewesen, die Gestaltung der Philosophie aus dem allgemeinsten Begriff des Seienden — wenn ich so sagen darf: zu berechnen, insofern sie sich nur nach theoretischen Interessen und gemäss dem Princip des kleinsten Kraftmasses entwickeln werde.

Das Resultat unserer Untersuchung war, dass alles Sein dem Inhalt nach als Empfindung, der Form nach als Bewegung zu denken sei. Dies also der allgemeine Begriff, unter welchen sich alles Seiende — welcher sich unter keinen allgemeineren materialen Begriff subsumiren lässt, und aus welchem das Princip des kleinsten Kraftmasses nur insofern noch ein weiteres Problem bilden kann, als es zu dem kühnen Versuche antreibt: ob sich nicht die begriffliche Einheit aller Empfindungen durch eine ursprüngliche, metaphysische Empfindungseinheit werde ergänzen lassen.

125. Was eine solche Unternehmung zunächst hindern

würde, wäre die entgegengesetzte, aber aus anderen Gründen näher liegende Auffassung, welche das Seiende durch die differenten Empfindungen, wie wir sie in uns vorfinden — mithin als aus ursprünglich differenten und inhaltlich unveränderlichen einfachen Empfindungen bestehend zu denken anempfiehlt. Letzterer Auffassung, so vorbereitet sie auch unser heutiges Denken finden mag, dürfte man doch nur mit Vorsicht eine grössere Geltung einräumen. Es sei erlaubt, unser Zögern, jene gutempfohlene Anschauung ohne Weiteres anzunehmen, durch eine letzte, zum Theil rückgreifende Erwägung zu motiviren.

126. Insofern die Naturwissenschaft darauf ausgeht, die natürlichen Vorgänge begreiflich zu machen, wird sie von dem Punkte an, wo die mangelnde Wahrnehmung dem Vorstellen eine gewisse Freiheit lässt, sich dem Bedürfniss des Vorstellenden anzupassen, es wird, sagen wir, von da an das naturwissenschaftliche Denken die Vorstellungen von dem Seienden nach dem Bedürfniss des Begreifens weiterentwickeln. Nun gehört, wie wir früher behandelt, zum Begreifen die Subsumtion des zu Begreifenden unter einen allgemeinen Begriff, der das zum Begreifen erforderliche Bekannte enthält. In allen den Fällen also, wo die Forschung einen Veränderungsvorgang als zusammengesetzten erfasst, wird sie auch dadurch ein Begreifen desselben herbeizuführen suchen, dass sie das Forschungsobjekt in seine Theile, den Gesammtvorgang in eine Reihe oder Gruppe einfacher Vorgänge auflöst, welche Theilvorgänge bereits als bekannt gelten oder doch sich alsbald unter den Begriff analoger einfacher und als bekannt geltender Vorgänge subsumiren lassen. So wird der Mechanismus einer Uhr begriffen, indem man die ineinandergreifenden Räderpaare und die elastische Feder einzeln aufweist und eventuell dann die Art ihres Zusammenwirkens zeigt; so wird auch der Eindruck des Begreifens angesichts einer Reflexbewegung hervorgerufen, wenn man den Vorgang zerlegt in die Momente des eintretenden Reizes, seiner Weiterleitung erst im sensibeln, dann — nach Passirung eines Central-

organs — im motorischen Nerven, und seines endlichen Auslösens einer Zuckung im Muskel.

127. Da also das Zerlegen dem Bedürfniss zu begreifen Befriedigung gewährt, so wird der Zerlegungsprocess von da an in Gedanken fortgesetzt, wo die Erfahrung ihre Bestätigung versagt und nur noch die im Zerlegen einzuschlagende Richtung angeben kann. Der eingeleitete, eigentlich endlose Process, wie er in Gedanken begonnen ward, kann auch nur in Gedanken und zwar nur dadurch beendet werden, dass er an irgend einer Stelle unterbrochen und durch eine neue Vorstellung an einem im Dunkeln gelassenen entfernteren Punkte als beendet fingirt wird.

128. Diese beendenden Vorstellungen gewähren mithin ausser dem Gefühl des Begreifens noch nach zwei Seiten intellektuelle Erleichterungen: einmal, indem sie ausdrücken, dass ihr Objekt kein Zusammengesetztes mehr, sondern ein Einfaches sei, also den Process der Zerlegung abschliessen; sodann, indem sie zugleich das nicht mehr Zerlegbare als nunmehr in sich unveränderlich auffassen und somit die Forderung einer immer weiteren inhaltlichen Veränderlichkeit des Seienden beruhigen: das Einfache ist nun das inhaltlich Unveränderliche, obwohl es in seinen einzugehenden Verbindungen der absoluten Veränderung unterworfen bleibt.

— Eine solche fingirte abschliessende Vorstellung ist in derjenigen der Atome enthalten, insofern sie unzerlegbar und unveränderlich sein sollen. [29])

129. Nun musste sich aber derselbe Process auch nach einer anderen Seite entwickeln. Die Atome enthalten zugleich die Substanzvorstellung, in welcher die Vorstellung der Unveränderlichkeit, in anderer Beziehung gedacht, als das zu Grunde liegende Beharrliche erscheint. Wie wir uns erinnern, hatte die Sprache bei Bildung der Substanzvorstellung ihren Einfluss dahin wirken lassen, dass dem durch das Wort bezeichneten Subjekt eine selbstständige, so zu sagen individualistische Stellung im Bewusstsein eingeräumt wurde, welche begünstigte Stellung jedoch auch

für objektiv galt. Es wäre nun zu erwarten, dass sich auch in Bezug auf die Eigenschaften dieselbe Vorstellung der Selbstständigkeit entwickelt habe, da sie durch die Sprache, ebenso wie das Subjekt, eine selbstständige Benennung erfahren hatten. Die Tendenz hierzu ist vorhanden; dass sie nicht zur vollen Entwickelung gelangte, lag an der entgegenwirkenden Vorstellung ihrer totalen Abhängigkeit von der Substanz. So wie man die Eigenschaften selbst anders, nämlich als Vorstellungen oder, genauer, Empfindungen fassen lernte, die zur Substanz nur noch in einem mehr indirekten Verhältnisse standen, trat auch deren Individualisirung ein und werden nun die Vorstellungen oder Empfindungen, nach Analogie der Atome, als in ihrer Eigenart beharrliche Wesen behandelt.

130. In der That wird die Vorstellung von der eigenartlichen Beharrlichkeit der Empfindungen auch so lange durch eine gewisse Erfahrung bestätigt, als das Denken sich noch in der Sprache bewegt; denn die Sprache verleiht dem Flüchtigsten, sobald es nur einmal zur Bemerkung und Benennung gelangt ist, eine gleichsam geschichtliche Dauer, insofern sie es durch das benennende Wort festhält — eine Constanz, die allerdings nur im menschlichen Bewusstsein vorhanden ist, doch leicht für objektiv genommen werden kann, wie denn eine Empfindung dadurch, dass ein bestimmtes beharrendes Wort immer nur auf eine gleiche Empfindung bezogen wird, stets als eine inhaltlich beharrende erscheinen muss.

131. So wird denn diese so zu sagen atomistische Individualisirung der Empfindungen möglicherweise ein unentbehrliches Hülfsmittel bleiben, den Eindruck des Begreifens unserem Empfindungs-, bez. Vorstellungsleben gegenüber zu erzeugen; allein es ist doch davor zu warnen, nun auch die Welt aufzufassen als eine Art Kaleidoskop, welches sich aus solchen Empfindungsmosaikstückchen zusammenstellt.

132. Für die gegensätzliche Ansicht, dass die Empfindungen fähig wären, in einander überzugehen, dass sich also eine aus der anderen zu entwickeln vermöchte, mithin

schliesslich alle differenten Empfindungen aus einer ursprünglich gleichinhaltlichen Empfindung durch Selbstdifferenzirung entstanden sein könnten — hierfür lässt sich indessen bisher auch Positives nichts als ihr Werth angesichts des Princips des kleinsten Kraftmasses anführen, obwohl sich in der neueren Psychologie Bestrebungen regen, welche ein bestimmteres Material für jene eminent monistische Ansicht zu versprechen scheinen. ³⁰)

Anmerkungen.

1. (S. 2.) Zum Zwecke näherer Kenntnissnahme des Apperceptionsprocesses verweise ich auf die vortreffliche Darlegung H. Steinthal's in dessen „Abriss der Sprachwissenschaft" (Berlin, 1871, Theil I. S. 166 ff.); hier nur eine kürzere Stelle (S. 179) reproducirend: „Alles Kennen-Lernen wie alles Wiedererkennen ist Apperception.... Eine Apperception ist sowohl die wirkliche, erstmalige Schöpfung einer Anschauung oder eines Begriffes oder die Gewinnung eines Gedankens, als auch jede Wiederholung, Erinnerung derselben. In Apperceptionen bewegt sich also unser ganzes theoretisches Leben."
2. (S. 2.) In dem Anm. 1. angeführten Werke, S. 211 f.
3. (S. 4.) Ueber die blosse zweckmässige Anordnung hinausgreifend verlangt die Mathematik in der „Eleganz" ihrer Lösungen den Aufwand der relativ kleinsten Mittel durch Condensirung und geeignete Auswahl der verbindenden Vorstellungen. Verwandte Forderungen in Bezug auf alle wissenschaftliche Darstellung werden später angemerkt werden.
4. (S. 5.) Zur ferneren Illustration der gemüthischen Wirksamkeit der Concentration und Sicherheit der Apperception werde noch einerseits auf die unlust-, bez. lustvolle Wirkung hingewiesen, welche schon die blosse Vorstellung der Kraftzersplitterung, bez. Kraftconcentration (Energie) auf uns übt. Andererseits werde sogleich hier an ein intensiv empfundenes Bedürfniss erinnert, das in der Geschichte der Philosophie eine wichtige Rolle spielt: an das hochentwickelte Streben nach allgemeinen und nothwendigen Urtheilen. Das kraftersparende Element der Nothwendigkeit im Urtheil erhellt aus dem im Text Bemerkten; die Zweckmässigkeit

der Allgemeinheit im Urtheil wird sich aus dem weiteren Verlauf unserer Untersuchung ergeben.
  5. (S. 5.) Ludwig Noiré, die Welt als Entwickelung des Geistes. Bausteine zu einer monistischen Weltanschauung. Leipzig, 1874, S. 4 f.
  6. (S. 7.) J. Fr. Fries, neue oder anthropologische Kritik der Vernunft. 2. Aufl. Heidelberg, 1828, Bd. I., S. 167.
  7. (S. 7.) Als Beispiel für die passive Gewohnheit wäre die allmälig eingetretene Gewöhnung an eine im Anfang unbehagliche Temperatur, die zuletzt gar nicht mehr bemerkt wird, anzuführen; für die aktive Gewohnheit geben alle eingeübten und angelernten Bewegungs- und Vorstellungsreihen bekannte Beispiele.
  8. (S. 10.) Es leuchtet schon aus dem Gesagten hervor, dass es in vielen Fällen nicht völlig die gewöhnlichen Mittel sind, mit denen in den angegebenen Apperceptionen die grössere Leistung vollzogen wird. Die erstmalige Apperception erheischt hier eine vermehrte Anstrengung; die Wiederholung aber wird allmälig, in besonders günstigen Fällen auch sofort, mit demselben Kraftaufwand vollzogen, sodass der Seele als dauernder Gewinn eine grössere Leistungsfähigkeit erworben wird und erhalten bleibt.
  9. (S. 11.) Aug. Schleicher, die Darwinsche Theorie und die Sprachwissenschaft. 2. Aufl. Weimar, 1873, S. 24 ff.
  10. (S. 13.) Lazarus Geiger, Ursprung der Sprache, Stuttgart 1869, S. 55 ff; Ursprung und Entwickelung der menschlichen Sprache und Vernunft, Band I., Stuttgart, 1868, S. 223 ff.
  11. (S. 13.) Das Walten des Princips des kleinsten Kraftmasses innerhalb der Entstehung und Entwickelung der Sprache zu verfolgen, fällt zum grossen Theil ausserhalb unserer Aufgabe, da die Sprache bereits auf der Grenze des psychologischen und physiologischen Gebietes liegt, wie denn z. B. die Lautveränderung, an welcher sich das Streben nach Kraftersparniss hervorragend bethätigt, schon rein physiologisch ist. — Einzelheiten, welche ganz psychologischer Natur sind und Belege für die Wirksamkeit unseres Princips abgeben würden, sind gewiss auf das Reichlichste in der Entwickelung der verschiedenen Sprachen enthalten, sodass es recht zu wünschen wäre, wenn die Sprachen philologischerseits einmal daraufhin mitbetrachtet würden. Zwei Beispiele solcher Einzelbelege entnehme ich L. Geiger's in der vorhergehenden Anmerkung angeführtem Hauptwerk (Ursprung und Entwickelung u. s. w.) Bd. I., S. 381 f. u. 369 ff.: „Ein neues oder vollkommeneres Denkelement, an einem bevorzugten Punkte der Erde entstanden, hat eine ebenso unwiderstehliche, ansteckende Gewalt, wie eine grosse technische Erfindung, und ist zur Uebertragung und Verbreitung nicht weniger geeignet, als die Feuerwaffe und die Buchstabenschrift.

5*

Das unscheinbare semitische Wörtchen *va*, und, ist weit über seine Heimath hinaus z. B. ins Persische, Afghanische, Türkische gedrungen; bei den Persern verdrängte es früh das in den Zendschriften gebräuchliche postpositive *ca*, welches (im Gegensatz zu und, *et, καί, ula* u. s. w.) der indogermanischen Ursprache angehörte, aber ein weniger vollkommenes Mittel der Verbindung zweier Begriffe war, als die, wie unser und, einfach zwischen dieselbe zu setzende semitische Partikel..... Die Syrer fingen unter griechischem Einflusse an, über diese symmetrische Einfachheit des semitischen Styles hinauszustreben: sie nahmen das ihrem Sprachstamme fehlende postpositive Aber, und sogar die so charakteristisch griechische Doppelpartikel $\mu\grave{\epsilon}\nu$-$\delta\grave{\epsilon}$, in der Form *man-den*, mitten in ihre ganz semitischen Sätze auf. So gewiss ist es, dass die Völker sich gegenseitig ihre sprachlichen Vorzüge und Errungenschaften zu Nutze machen, auch wenn dieselben ganz innerlicher, logischer Natur sind. Und um auf die Zahlwörter selbst zurückzukommen, so verdrängt das dekadische System, ohne Zweifel in Folge einer grösseren Angemessenheit für den natürlichen Umfang unserer Anschauung, die anderen, besonders das Vigesimalsystem, fast überall, wo sie sich berühren."

Das zweite Beispiel oder die zweite Beispielsgruppe ergiebt die folgende Betrachtung des Dual: „Ein noch interessanteres Denkmal aus einer grammatischen Urperiode ist der Dual. Er ist in vielen Sprachen verschiedenen Stammes nachzuweisen, aber auch fast überall schon verloren oder im Begriff sich zu verlieren..... Dieser durch mehrere Sprachen gehende Zug, den Dual zurückzudrängen, so dass er auf natürliche Paare beschränkt wird und zuletzt nur bei den Zahlwörtern zweihundert, zweitausend, oder gar bloss zwei, als unverstandene Endung übrig bleibt, ist sehr wohl begreiflich. Wozu soll es auch, zwei Männer durch die Declinationsform $\mathring{\alpha}\nu\delta\varrho\epsilon$ auszudrücken, wenn man sich doch für drei, vier, fünf Männer der Zahlwörter bedienen muss, und überdies noch dem Zeitwort eine andere Form zu geben, weil die Handlung von zweien und nicht von dreien verrichtet wird? Alle Schönheiten, die man für diese Ausdrucksweise aufzufinden gewusst hat, liegen der Absicht der Sprache fern. Die Zweizahl ist eine Vorstufe der Mehrzahl, sie ist ein Versuch des Geistes, sich des Begriffes der Mehrheit zu bemächtigen, keineswegs eine der Natur abgelauschte Feinheit weiterer Unterscheidung. Nachdem die Mehrheit, nachdem vollends das Zahlwort geschaffen ist, hat sie ihren Dienst gethan; sie stirbt ab, und bleibt nur hie und da noch als ein verkümmertes Organ zurück. Als Beweis dieses Hergangs glaube ich die semitischen Sprachen anführen zu können..... Die Vielheit hat also aller

Wahrscheinlichkeit nach erst von der Zweiheit aus einen grammatischen Ausdruck gefunden, wie denn die Zahl zwei erfahrungsmässig der Anschauung noch nicht zählender Völker zunächst sich aufdrängt..... Aber wir dürfen darum an den Anfang dieses Processes kein bestimmtes Zahlenbewusstsein, auch selbst von dem Begriffe zwei, setzen. Das Gefühl des Unterschieds zwischen zwei und drei gelangte erst zum Bewusstsein, als sich die Formen schieden. Die Sprache lenkte damit in eine Bahn ein, welche, weiter verfolgt, dahin geführt haben würde, die Zahlenreihe durch verschiedene Flexionen am Hauptworte auszudrücken. Allein das Zahlwort entstand. Das Zahlwort zwei wurde für den Dual tödtlich, ebenso wie die Praeposition es für die Casusflexion, das Hülfszeitwort es theilweise für Zeit und Modus geworden sind. Analoge Entwickelungen wurden im Keim erstickt; die Dualform selbst ergriff, um sich zu retten, hie und da eine besondere Funktion, die ihr auch den neuen Sprachmitteln gegenüber noch einen Werth belassen konnte: sie drückte das von Natur Zweifache, das paarweise Zusammengehörige aus. Dass dieses aber seine Urbedeutung gewesen, ist nur aus dem Hebräischen abstrahirt. Schon das Arabische kennt diese Beschränkung nicht, und im Hebräischen selbst zeigen noch Duale, wie zwei Tage, zwei Jahre, zwei Ströme, zwei Lager und andere vereinzelte Reste ein gleiches Verhältniss an."

12. (S. 14.) Ich gestehe, dass ich durch Steinthal (S. 207 ff. seines Anm. 1. angeführten Werkes), welcher die beiden Apperceptionen die „identificirende" und „subsumirende" nennt, nicht völlig überzeugt bin, ob es noch andere, rein theoretische Apperceptionen gebe. Was Steinthal unter dem Namen der „harmonisirenden" Apperception zusammenfasst, sind zum Theil geradezu und ausgesprochenermassen dem Wesen nach identificirende und subsumirende Apperceptionen (z. B. die Enthymemata), zum Theil Apperceptionen der Neigung und anderer Gefühle, zum Theil endlich Associationsausführungen, welche auf die Herstellung eines Zusammenhanges gehen und in der wissenschaftlichen Erkenntniss erst eine meist subsumirende Apperception vorbereiten. So sucht der Historiker eine Einzelbegebenheit aus dem Zusammenhang der Zustände und Ereignisse zu begreifen, weil die Art des Zusammenhanges als eine causale gedacht wird; so will der Philologe den Zusammenhang der ursprünglichen Vorstellungen eines Autors herstellen, indem er an einer fraglichen Stelle dasjenige Wort, d. h. diejenige Vorstellung sucht, deren supponirtes Vorhandensein das Vorhandensein der übrigen Worte und damit diese selbst am besten begreiflich macht; so sucht der Archäolog oder Paläontolog aus einem erhaltenen Theil das

verloren gegangene Ganze zu reconstruiren, um aus der nach aesthetischen oder natürlichen Gesetzen bestimmten Art des Zusammenhanges des Theiles mit den übrigen den gefundenen Theil in seiner Form und Wirkung besser zu begreifen. Es bestehen also bei einer solchen Einordnung eines Theiles in oder an ein anschauliches Ganze die engagirten Apperceptionen einerseits in denjenigen Subsumtionen, durch welche das betreffende Objekt überhaupt als Theil und dann wieder der Theil durch die Vorstellungen von den Verhältnissen, in welchen Theile zu einem Ganzen stehen können, aufgefasst werden; andererseits in Identificationen, durch welche ein Objekt gerade als ein bestimmtes oder als das gesuchte ausgesagt wird. Ob aber ausserdem sich die coordinirten (durch die betreffenden Verbindungsvorstellungen appercipirten und verbundenen) Theilvorstellungen nun noch untereinander und gegenseitig appercipiren, scheint mir doch zweifelhaft. Endlich ist auch das Hinzudenken eines bestimmten Umstandes als Ursache zu einem Gegebenen doch wohl insofern auch eine Subsumtion, als dabei der bestimmte Umstand unter die allgemeine Vorstellung der Ursächlichkeit subsumirt und dadurch ja das Begreifen erzeugt wird; wie wenn z. B. das Vorhandensein eines erratischen Blockes an irgend einer Stelle durch die Vorstellung seines Transportes auf einer Eisscholle begriffen wird. Wie mit der Ursache verhält es sich dann auch mit dem Grunde. — Die vierte Apperceptionsklasse, die Steinthal anführt, die von ihm so genannte „schöpferische", scheint mir — insoweit sie dadurch charakterisirt ist, dass in den betreffenden Fällen das appercipirende Moment selbst erst geschaffen wird — nur in den Probeapperceptionen zu bestehen, welche einer definitiven Apperception vorangehen, selbst aber nur identificirender oder subsumirender Natur sind.

Diese Andeutungen mögen hier genügen zu meiner Rechtfertigung oder wenigstens Entschuldigung, wenn ich im Texte nur die identificirende und subsumirende Apperception als theoretische behandelt habe; sind es doch auch diese allein, welche eine Erkenntniss bewirken, da alle „Erkenntniss" nur in einem Bekanntwerden objektiver Verhältnisse und in einer Rückführung auf Bekanntgewordenes besteht. Anderweite Gründe vielleicht bei einer anderen Gelegenheit.

13. (S. 15.) Hier noch eine Bemerkung über die Sprache. Wie man sieht, dient dieselbe, indem sie das Denken in Begriffen durch das Wort ermöglicht, wieder und zwar nach zwei Seiten in eminenter Weise dem Princip des kleinsten Kraftmasses. Einmal setzt sie an Stelle der bestimmten Einzelanschauung die ganze unbegrenzte Reihe aller gleichartigen Anschauungen, sodann

lässt sie nur die Wortvorstellung voll bewusst werden, während die sämmtlichen Einzelanschauungen, welche durch das Wort vertreten werden, nur mitschwingen. So wird durch die Differenzirung der Vorstellungsintensität das Denken in schneller Aufeinanderfolge von den verschiedenartigsten Vorstellungen erfüllt, welche alle als Anschauungen wirken, ohne doch angeschaut zu sein, und welche, wenn sie wirklich einzeln angeschaut werden sollten, einen unschätzbaren Aufwand von Kraft und Zeit erfordern und trotzdem ihrer Uebersichtlichkeit und Zusammenfassbarkeit nur verlustig gehen würden. Vergl. Steinthal's in Anm. 1. angeführtes Werk, namentlich S. 432 ff.

An der Differenzirung der Vorstellungen dem Inhalte nach betheiligt sich die Sprache insofern, als sie einmal gewonnene Unterschiede durch die Benennung festhält und zu vollerem Bewusstsein bringt, somit stets den Boden für neue Unterscheidungen vorbereitet. Vergl. hierzu im Text S. 52 f.

14. (S. 15.) Die kürzere Fassung, in welcher wir im Text den der Logik entlehnten Satz angeführt, genügt für unseren Zweck. Ueber den mathematisch genaueren Ausdruck vergleiche indess M. W. Drobisch, neue Darlegung der Logik. 3. Aufl. Leipzig, 1863, S. 30. — Noch sei hier, wo wir die ausschliessliche Betrachtung des Princips des kleinsten Kraftmasses abzubrechen gedenken, erlaubt, eine Bemerkung über das Walten jenes Princips in einigen anderen, ausserhalb unserer enger begrenzten Aufgabe gelegenen Gebieten der menschlichen Interessen hinzuzufügen.

Dass zunächst das behandelte Princip auch eine aesthetische Bedeutung haben müsse, ist von vornherein einleuchtend; denn die Aufnahme eines Kunstwerkes ist eine Reproduktion, mithin auch eine Produktion innerhalb des Vorstellungslebens des Aufnehmenden, welche — je nachdem sie durch die Constitution des aufzunehmenden Kunstwerkes dem Princip des kleinsten Kraftmasses gemäss oder ungemäss dirigirt wird — von Gefühlen der Lust, bez. Unlust begleitet sein muss. Begleiteten doch diese Gefühle, wie wir uns erinnern, mehr oder minder deutlich jede Befolgung, bez. Verletzung des fraglichen Princips.

In der That sehen wir die besprochenen Momente, die wir im theoretischen Denken wirksam gefunden, in der Kunst selbstständig wieder auftreten. Hier wie dort die Scheu vor dem Widersprechenden und dem Ueberflüssigen, hier wie dort die Forderung der Uebersichtlichkeit und der Wahrung eines inneren Zusammenhanges bei der Anordnung, hier wie dort das Verlangen nach Klarheit und Sicherheit (Zweifellosigkeit) der Apperceptionen, hier wie dort in der höheren Entwickelung ein Streben nach organischer Gliederung. Ein weiteres Streben nach Einheit werden wir beim theoretischen Denken noch zu betrachten haben; innerhalb der Kunst tritt uns dasselbe entgegen in dem Bedürfniss nach Einheit des Charakters, der Anlage, der Handlung, der Idee — und insofern eine Idee die Einheit enthält, durch welche sich das Ganze appercipiren lässt, scheint uns sogar das Ganze nur diese Idee darstellen zu sollen.

Noch deutlicher fast als im theoretischen Denken zeigt sich in der Kunst die Bestimmung des Verhältnisses der Mittel zu der Leistung durch das Princip des kleinsten Kraftmasses. Wir wollen in der Kunst die „einfachsten" Mittel; richtig verstanden hat der Satz zunächst nur eine negative Bedeutung: es soll nichts als Mittel verwendet werden, was nicht auch als Mittel zum Zwecke wirkt. Im Uebrigen darf die Anwendung der Mittel ihr Mass nur an der beabsichtigten — die Beurtheilung der Mittel ihr Mass nur an der erreichten Leistung nehmen. Es sind alle und selbst die gewaltigsten und mannichfaltigsten Mittel völlig gemäss dem Princip des kleinsten Kraftmasses, wenn sie in ihrer Integrität die entsprechende Wirkung leisten; und sie sind aesthetisch völlig berechtigt, wenn die erlangte Wirkung eine aesthetische ist: wobei freilich die grössere oder geringere Apperceptionsfähigkeit des Aufnehmenden die meist individuelle und subjektive Entscheidung abgiebt; denn Jeder, der Begabteste wie Unbegabteste, findet schliesslich den Massstab zur Beurtheilung aesthetischer Wirksamkeit nur in sich und seinen Kräften. — So bedeutet übrigens auch im theoretischen Denken die Forderung der kleinsten Mittel nicht, dass überhaupt nur das geringste Mass von Vorstellungen entwickelt, sondern dass zu einer aufgegebenen Apperception nur dasjenige Mass von Vorstellungen verwendet werde, welches zu ihrer Vollziehung gebraucht wird. Das Princip des kleinsten Kraftmasses ist nicht ein Princip der Gedankenlosigkeit, sondern der Gedankenökonomie.

Wie ferner das begriffliche Appercipiren dadurch dem Princip des kleinsten Kraftmasses so vorzüglich genügte, dass es, im Vergleich zu dem einfachen Wiedererkennen, mit derselben aufgewandten Kraft durch Repraesentation eine Mehrleistung bewirkt und somit das eigentliche theoretische Verhalten des Menschen, d. h. aber das eigentliche unterscheidende menschliche Denken begründet, so tritt auch in der Kunstwirkung eine repraesentative Funktion mit demselben Erfolg ein und macht das Kunstempfinden zu dem unterscheidenden menschlichen Empfinden. Das, was repraesentirt wird, mögen in der Kunst vorwiegend Gemüthswirkungen sein, denn auch da, wo die Kunst — wie in der Poesie — Gedanken entwickelt, behandelt sie dieselben in Hinsicht ihres Empfindungswerthes, nicht nach ihrem logischen Gehalt; wobei der auffällige logische Widerspruch allerdings vermieden werden muss, einfach weil wir auf denselben, als Widerspruch, mit bestimmten, für das aesthetische Empfinden unverwendbaren Unlustgefühlen reagiren. Das, wodurch die Kunst repraesentativ wirkt, ist das Wort, der Ton, die Farbe, die charakteristische Linie und Bewegung — ist ihr Material. Wie der Begriff die ganze Summe seiner zugehörigen Anschauungen und Erkenntnisse in sich trägt, so das repraesentirende Element in der Kunst die sämmtlichen mit ihm associirten Gefühle. Und wie das Wort, welches den Begriff ermöglicht, die Vorstellungen ihrer Bewusstseinsintensität nach differenzirt und durch diese Differenzirung die grösstmögliche Fülle und Mannichfaltigkeit der Vorstellungen in einer Zeiteinheit durch das Bewusstsein bewegt, so werden in der Kunst durch die Repraesentation die sinnlichen Empfindungen gemildert, durch diese Dämpfung intellektualisirt, vergeistigt, verklärt, und zugleich in einer inhaltlich reichen und mannichfaltigen Verdichtung zu zauberischen Wirkungen vereinigt. Psychologisch ausgedrückt heisst das: allein die repraesentirenden Vorstellungen werden voll bewusst, während die associirten Empfindungen einzeln nur die Höhe mitschwingender Vorstellungen erreichen und starke Erregungen nur als Summationserscheinungen zulassen; aber gerade hierdurch, dass die einzelnen Empfindungen mitschwingend bleiben, ermöglichen sie jene unbegrenzte Mannichfaltigkeit in Inhalt und Wirkung, ohne doch einen grösseren Kraftaufwand zu erfordern. Es erfüllt also die aesthetische Empfindungsreaktion in gleicher Weise die höhere Forderung des Princips des kleinsten Kraftmasses, wie die logische Begriffsapperception, und aus den gleichen Gründen.

Nach all dem Gesagten wird es vielleicht nicht als zu gewagt erscheinen, den aesthetischen Werth bestimmter Formen gleichfalls auf das Wirken des Princips der zweckmässigen Kraftverwendung zurückzuführen. In solchen Fällen — gewisse gewundene Linien und die Verhältnisse des goldenen Schnitts gehören hierher — ist es weder der materielle Stoff, noch ein repraesentirter Vorstellungsinhalt, was ein aesthetisches Gefallen erregt, sondern nur die Art der Anordnung der einzelnen Theile unter einander. Mithin kann das erregte Lustgefühl nur eine Begleiterscheinung der Leistung sein, welche seitens des auffassenden Subjektes im Akt der Auffassung, durch die Beziehung der Theile auf einander, vollzogen ist. Man kann sich nun experimentell überzeugen, dass die wohlgefälligen „harmonischen" Formen und Verhältnisse zwischen den allzu einfachen, bez. allzu symmetrischen liegen, welche nüchtern, und den allzu complicirten und reichen, welche verwirrend oder als „überladen" wirken, bez.

den allzu unsymmetrischen, welche den Eindruck des Eckigen und Verschobenen machen. Diese verschiedenen Reaktionen scheinen sich — eventuell unter Mitwirkung noch anderer physiologischer Bedingungen — vorwiegend in dem folgenden, übrigens zum Theil schon oben angedeuteten Umstand zu begründen. Wir produciren nicht allein, gemäss den Bedingungen allen organischen Lebens, in wachem Zustande fortwährend ein gewisses Mass verwendbarer (Geistes-) Kraft, welches für eventuelle Apperceptionen bereit steht, sondern wir sind auch durch unsere Erziehung (das Wort im weitesten Sinne genommen) gewöhnt worden, das Mass der Apperceptionsmittel nicht durchgängig erst der so zu sagen reflektorischen Bestimmung der eintretenden und zu appercipirenden Objektsvorstellung zu überlassen, vielmehr aus Gründen einer ferner liegenden Zweckmässigkeit den uns entgegentretenden Objekten — z. B. einer Anrede, aber auch einem Schauspiel, einer Predigt — ein bestimmtes, gewissermassen „für alle Fälle" vorläufig ausreichendes Mass von Apperceptionsmitteln von vornherein zur Verfügung zu stellen, und dieses Gewohnheitsmass sofort zu entwickeln, wenn uns ein Schauspiel u. s. w. zur Apperception geboten wird. So lässt sich denn auch annehmen, dass wir durch allerhand Erfahrungen erzogen, bez. durch unsere organischen Verhältnisse befähigt sind, neben anderen Apperceptionen auch denjenigen von Formenverhältnissen ein gewisses, stets in Bereitschaft gehaltenes und sofort entwickeltes Gewohnheitsmass von Kraft zur Verfügung zu stellen. Und wie wir nun beim Anhören eines Schauspieles oder einer Predigt, wenn das Gebotene unter unserer gewohnten Apperceptions-Leistungsfähigkeit bleibt, uns gelangweilt, oder, wenn es jenes Gewohnheitsmass übersteigt, belästigt fühlen, so reagiren wir mit dem Gefühle der Nüchternheit, wenn die Apperception einer Figur die gewohnheitsmässig entwickelte Kraft zum Theil leer lässt, mit dem Gefühle des Verwirrtseins und dergleichen, wenn sie die gewohnte, hierfür disponible Kraft übersteigt, aber endlich mit dem Gefühl des Gefallens, bez. mit dem Eindruck des Harmonischen, wenn Kraft und Leistung sich harmonisch verhalten, d. h. entsprechen. Letzteres ist aber auch derjenige Fall, wo dem Princip des kleinsten Kraftmasses am besten genügt ist, nach welchem einerseits nicht mehr Mittel aufgewandt werden sollen, als eine Leistung erfordert; andererseits nicht mehr Mittel erfordert, als wir ohne Anstrengung innerhalb gewisser Grenzen zu liefern gewohnt sind. — Wie mit der Apperception von einfachen Figuren, scheint es sich übrigens auch mit der einzelner Worte in solchen Fällen zu verhalten, wo statt des praeciseren Ausdruckes — wie man erwarten sollte — vom Dichter der vagere gewählt und somit dem Aufnehmenden die Freiheit gelassen wird, durch eigenes Thun die verlangte Apperception zu gewinnen und so seine bereiten Apperceptionsmittel harmonisch zu verwenden. — Die Abirrung endlich von unserem Princip, welche in der ausgebildeten Bereithaltung eventuell grösserer Kraftmittel, als gebraucht werden, gefunden werden kann, ist nur eine scheinbare; denn hervorgerufen ward dieses Verhältniss durch die Erfahrung, dass gerade das Bereithalten grösserer Kräfte in vielen Fällen vor der Nothwendigkeit schützt, noch bedeutendere zu entwickeln: es findet mithin die bereite grössere Kraft ihren Massstab nicht in einer zufälligen Anwendung, sondern in der Vorstellung möglicher Bedürfnisse. Das Walten unseres Princips ist hier also ein mittelbares.

Auf den Zusammenhang sittlicher Gefühle mit der Befolgung, bez. Verletzung des Princips des kleinsten Kraftmasses (und zugleich auf die Zweckmässigkeit geistigen Kraftaufwandes als ethische Forderung) hat J. C. F. Zöllner (Ueber die Natur der Cometen, Leipzig 1872. S. 201 ff., S. 211 ff.) hingewiesen. Die Frage, inwieweit sich das behandelte Princip allgemein im Gebiet des Ethischen wirksam erweise, berührt zu principielle Vorfragen, als dass sie hier eine auch nur andeutende Behandlung erfahren könnte.

Nachweise endlich über das Walten des Princips des kleinsten Kraftmasses in dem praktischen Verhalten der Menschen zu geben, steht unserer Aufgabe gleichfalls zu fern; nicht allein in allem Streben nach Freiheit, nach Arbeitstheilung, nach einheitlicher Gestaltung des administrativen, commerciellen, rechtlichen, staatlichen und socialen Lebens und Verkehrs liegt es deutlich vor Augen, sondern auch in den letzten Zielen und den positiven Institutionen des Handels, der Nationalökonomie, der Gesetzgebung, des Staates, der Politik u. s. w. tritt es bestimmend hervor. Aus diesen Gebieten möchte ich beiläufig zwei Beispiele des mittelbaren Waltens unseres Princips anführen, welche an besonders grossen Verhältnissen zeigen, wie eine bedeutende Kraftanstrengung einer künftigen Kraftersparniss willen gefordert wird. Das eine Beispiel ist die Einführung neuer Mass- und Münzeinheiten; das andere enthält der bekannte Satz: *Si vis pacem para bellum.*

15. (S. 18.) In den Naturwissenschaften sucht man gewöhnlich das Wesen des Gesetzes im Begriff der Nothwendigkeit; in wie weit dies unzulässig, wird sich bei der später folgenden Betrachtung der Kraft ergeben. Helmholtz stellt das Wesen des Gesetzes richtig dar, wenn er sagt: „Das Wesen unseres Begreifens den Naturerscheinungen gegenüber ist, dass wir Gattungsbegriffe und Naturgesetze zu finden suchen. Naturgesetze sind nichts als

Gattungsbegriffe für die Veränderungen in der Natur." (Handbuch der physiologischen Optik, Leipzig, 1867, S. 454.)

16. (S. 19.) Ich will hier, wo ich voraussichtlich zum letzten Mal auf die Gefühlsreaktionen Bezug genommen haben werde, endlich eine Bemerkung anfügen, welche vielleicht mehrfach bereits vermisst worden ist. Bei dem empirischen Zusammenhang, in welchem auch unsere theoretischen Apperceptionen mit Gefühlen der Lust und Unlust stehen, könnte es näherliegend erscheinen, die Wurzel des Begreifens — und mithin der Philosophie — einfach in die intellektuelle Unlust, das Ziel in die intellektuelle Lust zu verlegen. Ich that dies nicht, weil ich diese Gefühle vorläufig nur als Begleiterscheinungen aufzufassen vermag, denen nur eine sekundäre Wirksamkeit zukommen könnte, als den tiefer gelegenen und eigentlichen Grund der Entwickelung des Begreifens aber das Streben nach Kraftersparniss betrachten muss, welches auch in den Sphären wirksam ist, wo von Begleiterscheinungen der Lust und Unlust, wenigstens so weit wir bis jetzt sehen, nicht mehr die Rede sein kann. Schon als das universellere Moment würde also das Princip des kleinsten Kraftmasses den Vorrang verdient haben.

17. (S. 27.) Vergl. Ende der Anm. 14 und Abschnitt I, A. II und IV.

18. (S. 29.) Dass es sich bei allen mythologischen Auffassungen in der That nur um apperceptive Bestimmungen der Gegenstände, bez. Vorgänge, vermittelst der Vorstellung von unserer Seele handelt, hat Edward B. Tylor in den „Animismus" überschriebenen Abschnitten seines lehrreichen Werkes „Die Anfänge der Cultur" (ins Deutsche übertragen von J. W. Spengel und Fr. Poske. 2 Bde., Leipzig, 1873) eingehend nachgewiesen.

19. (S. 41.) Die Eliminationsmethode wäre hiernach so gemeinsam, als das Aufsteigen zu höheren Begriffen und die Logik überhaupt. Es scheint die Frage darauf hinauszulaufen: sollen die Naturwissenschaften zugleich Philosophie oder die Philosophie zugleich Naturwissenschaft sein, und die Gefahr eines Wortstreites nahezuliegen.

20. (S. 47.) In dem Anm. 14 (gegen Ende) angeführten Werke, S. 213.

21. (S. 50.) Die Unmöglichkeit, aus den der Materie beigelegten mechanischen Eigenschaften die Empfindung, bez. das Bewusstsein „abzuleiten" oder zu „erklären", ist in neuerer Zeit naturwissenschaftlicherseits durch zwei Forscher unabhängig von einander anerkannt worden; während aber der Eine, E. du Bois-

Reymond (Ueber die Grenzen des Naturerkennens. Ein Vortrag. Leipzig, 1872). noch bei dieser Constatirung als bei einer von ihm aufgewiesenen „Grenze des Naturerkenneus" stehen bleibt, schreitet der Andere, J. C. F. Zöllner (in dem gegen Ende der 14. Anm. citirten Werke, S. 313ff.), durch eine tiefer greifende und logisch schärfere Betrachtung bis zu dem Punkte vor, „gegenüber denjenigen Veränderungen in der Natur, welche mit Empfindungsphänomenen verbunden sind," folgende Alternative zu stellen: „entweder auf die Begreiflichkeit der gedachten Eigenschaften für immer zu verzichten oder die allgemeinen Eigenschaften der Materie hypothetisch um eine solche zu vermehren, welche die einfachsten und elementarsten Vorgänge in der Natur unter einen gesetzmässig damit verbundenen Empfindungsprocess stellt."

Wollen wir uns, zur grösseren Klarheit, den Unterschied bewusst machen, welcher zwischen dem angedeuteten Zöllner'schen Gedankengang und unserer Entwickelung liegt, so dürfte er darin zu finden sein, dass wir der Empfindungsphänomene aufweisenden Substanz die Empfindung als ursprüngliche Eigenschaft überhaupt nicht hypothetisch beilegten, sondern für uns geltend machten, dass weder die causale Unterordnung einer Empfindung unter eine Bewegung, noch überhaupt eine empfindungslose Substanz in der Erfahrung wirklich gegeben sei, wohl aber wir in uns selbst empfindende Wesen (Substanzen) erführen; mithin wir entschiedener auf dem Boden der Erfahrung als die Lehrer der empfindungslosen Substanz ständen.

22. (S. 53.) Die gegebene Charakterisirung der Wahrnehmung erhebt nicht den Anspruch auf völlig genügende psychologische Genauigkeit; doch reicht sie hoffentlich, wie auch die weitere Darlegung, aus, um den Inhalt der Substanzvorstellung zu entwickeln. Und darauf nur kommt es hier an.

23. (S. 54.) Am reinsten zeigt sich diese Entwickelung bei Spinoza und seinen Vorgängern, bei denen zugleich in höchst interessanter Weise die Substanz, in Folge ihrer entwickelten Vorzüge als absolut Selbstständiges, als Zugrundeliegendes und wahrhaft Seiendes, in immer intimere Verbindung mit der Gottesvorstellung tritt.

24. (S. 55.) Es werde beiläufig noch darauf hingewiesen, dass dies im entwickelteren Denken auftretende Verlangen oder Streben nach dem Absoluten, bez. dem Unendlichen, wieder eine Aeusserung der Wirksamkeit unseres behandelten Princips ist. Denn bei jedem bewussten Abbrechen einer gleichmässigen und, weil über alle Erfahrung hinausgehend, beliebig fortsetzbaren Vorstellungsreihe findet sich das Denken, indem es zugleich über die letztgesetzte Grenze hinausblickt, nicht dem Nichts, sondern einem

irgendwie anders zu bestimmenden Sein gegenüber. Es reizt mithin das bewusste Aufhörenlassen einer solchen homogenen Vorstellungsreihe oder, analog dazu ausgedrückt, Vorstellungsfläche zum Denken einer zweiten Reihe oder Fläche, welche von den ersten verschieden sind. Der Versuch nun, die erste, einmal gedachte Vorstellungsreihe oder, was dasselbe, den darin befassten Inhalt unbegrenzt, bez. absolut zu denken, läuft demnach darauf hinaus, neben demselben keinen anderen denken zu müssen, also einheitlich zu denken.

Ueber die Ausbildung der Vorstellung des Unendlichen durch das Bedürfniss zu begreifen vergleiche den letzten Abschnitt der Schrift.

25. (S. 56.) In der Schrift von C. Neumann „Ueber die Principien der Galilei-Newton'schen Theorie" (Leipzig, 1870) ist mir eine Vorstellungsbildung entgegengetreten, welche, wenn ihre Analogie mit der Substanzvorstellung zutreffend ist, auf die im Text entwickelte Ansicht von der Substanz ein weiteres belehrendes Licht werfen würde. Leider kann ich als Laie nur hoffen, dass die fragliche Analogie wirklich vorliege; den endgültigen Nachweis muss ich den Männern von Fach überlassen, deren Entschuldigung ich für den Fall der irrthümlichen Auffassung erbitte.

Neumann sagt (S. 14 ff.): „Jene Worte des Galilei, dass ein sich selber überlassener materieller Punkt in gerader Linie dahingeht, treten uns entgegen als ein Satz ohne Inhalt, als ein in der Luft schwebender Satz, der (um verständlich zu sein) noch eines bestimmten Hintergrundes bedarf." Denn jede Bewegung, welche mit Bezug auf einen Himmelskörper geradlinig sei, würde mit Bezug auf jeden andern Himmelskörper krummlinig erscheinen. Es müsse mithin irgend ein specieller Körper im Weltall uns gegeben sein, als Basis unserer Beurtheilung, als derjenige Gegenstand, mit Bezug auf welchen alle Bewegungen zu taxiren seien, — nur dann erst würden wir mit jenen Worten einen bestimmten Inhalt zu verbinden im Stande sein.

Verstehe ich nun Neumann recht, so beziehen nach seiner Beobachtung sowohl Galilei als Newton, ohne darüber ein bestimmtes Bewusstsein zu haben, sämmtliche im Universum vorhandenen oder überhaupt denkbaren Bewegungen in der That auf ein und denselben Körper, sodass Neumann — diese unbewusste Beziehung entdeckend und zu vollem Bewusstsein erhebend — als erstes Princip der Galilei-Newton'schen Theorie den Satz hinstellen kann, „dass an irgend einer unbekannten Stelle des Weltraumes ein unbekannter Körper vorhanden ist, und zwar ein absolut starrer Körper, ein Körper, dessen Figur und Dimensionen für alle Zeiten unveränderlich sind." Diesen Körper nennt

Neumann den „Körper Alpha" und fügt hinzu, dass sodann „unter der Bewegung eines Punktes nicht etwa seine Ortsveränderung in Bezug auf Erde oder Sonne, sondern seine Ortsveränderung in Bezug auf jenen Körper Alpha zu verstehen ist." Es würde dann das Galilei'sche Gesetz ein zweites Princip präsentiren, „darin bestehend, dass ein sich selbst überlassener materieller Punkt in gerader Linie fortschreitet, also in einer Bahn dahingeht, die geradlinig ist in Bezug auf jenen Körper Alpha."

Ueber diesen Körper Alpha bemerkt Neumann S. 20 weiter: „Man pflegt den Körper Alpha in der Regel zu ignoriren; man spricht von dem absoluten Raum, von der absoluten Bewegung. Das dürften nur andere Worte für dieselbe Sache sein. Denn der Charakter, das eigentlich Wesentliche der sogenannten absoluten Bewegung besteht (wie Niemand bestreiten dürfte) darin, dass alle Ortsveränderungen bezogen werden auf ein und dasselbe Object, und zwar auf ein Object, welches räumlich ausgedehnt, und unveränderlich, übrigens nicht näher angebbar ist. Nun dieses Object ist es, welches von mir bezeichnet wurde als ein unbekannter starrer Körper, bezeichnet wurde als der Körper Alpha."

Immer vorausgesetzt, dass ich Neumann richtig verstanden habe, ist nun meine Vermuthung die, dass die Funktion, welche uns im Vorstellen der aussenweltlichen Objekte als Substanzvorstellung entgegengetreten ist, uns hier in der Vorstellung des Körpers Alpha wiederbegegnet. Wie nämlich die Substanz den idealen, absolut unveränderlichen Vergleichungspunkt für alle Veränderung abgiebt, so scheint der Körper Alpha nichts als den idealen, absolut starren Beziehungspunkt für alle Bewegung, bez. deren Richtung, darzustellen. Dadurch, dass beide Momente nicht empirisch sind, machen sie die Vorstellung der Veränderlichkeit, bez. Bewegung, unabhängig von allen empirischen Bedingungen, an welche — durch vergleichende Beziehung des Wahrnehmenden — das empirische Wahrnehmen aller Veränderung und Bewegung gebunden ist, ohne doch darum deren objektiv-reale Existenz aufzugeben. So ward durch die Absolutheit der Unveränderlichkeit der Substanz ermöglicht, die Veränderung absolut zu denken, obgleich eine absolute Veränderung nicht erfahren werden kann; so bewirkt der absolut starre Körper Alpha, dass die Bewegung absolut gedacht wird, d. h. hier aber: befreit von der Relativität zu einem anderen empirischen und, wie alle empirischen, auch bewegten Körper — ohne dass doch Bewegung ohne solche Beziehung jemals wahrgenommen werden kann. Eliminirt man die Substanz als das beharrende, und den Körper Alpha als das starre Nicht-Empirische, in Bezug auf welches alle Veränderung Veränderung und alle Bewegung Bewegung, so bleiben die Vorstellungen der nicht-relativen Veränderung und der nicht-relativen (absoluten) Bewegung, welche eventuell ohne empirische Relativität auch geradlinig ist: und auf diese Vorstellungen kommt es an — sie zu erzeugen waren eben Substanz und Körper Alpha Hülfsfunktionen des Denkens.

Dass sich übrigens bei Neumann und mir die Begriffe des Absoluten zum Theil nicht decken — bei Ersterem ist „absolut" Aufgebung der Relation zu einer möglichen Wahrnehmung, nähert sich also dem Begriff des Objektiven im Gegensatz zu dem Subjektiven; während bei mir die Veränderung insofern „absolut" heisst, als sie an keinem Punkte innehaltend gedacht wird, im Gegensatz zu einer gewissermassen bloss gradweisen Veränderung des Seienden — dass sich also in der Neumann'schen Darlegung und der meinen die Begriffe des Absoluten zum Theil in differenter Richtung entwickelt haben, dürfte sich in den entgegengesetzten Ausgangspunkten und Zielen der Vorstellungsentwickelung begründen: Neumann geht aus von der Vorstellung der an keinem Punkte innehaltenden Bewegung und strebt zur Vorstellung ihrer Objektivität; die in meiner Darlegung abgespiegelte Weltauffassung jetzt die objektive, von ihrem Wahrgenommenwerden unabhängige Existenz der Veränderung voraus und entwickelt sich erst zu der Vorstellung der an keinem Punkte pausirenden Veränderung.

In demjenigen Theile unserer beiderseitigen Begriffsanwendungen, der, die hypostasirte Funktion selbst charakterisirend, die Substanz als das absolut Unveränderliche, den Körper Alpha als das absolut Starre denkt, ist das Absolute gleichbedeutend. Und hierauf dürfte es für unseren Zweck zunächst ankommen.

26. (S. 56.) Beiläufig sei bemerkt, dass man also bei der Behandlung des Problems der angeborenen Ideen, bez. der Apriorität der „Verstandesbegriffe", den Einfluss der Sprache auf das Vorstellen nicht unberücksichtigt lassen darf, da die Sprache continuirlich jedem neu und durch sie sich bildenden Selbstbewusstsein überliefert wird und mit ihr diejenigen Vorstellungen, welche durch sie entwickelt werden.

In Bezug auf das im Text über den Zusammenhang von Sprache und Vorstellen Gesagte verweise ich zur näheren Begründung, bez. zur Vergleichung, auf die in Anm. 1 und 10 angeführten Schriften Steinthal's und L. Geiger's.

27. (S. 59.) Ich möchte hier ein Wort L. Geiger's (Ursprung und Entwickelung der menschlichen Sprache und Vernunft, Bd. 1. S. 100) wiedergeben, obwohl es von ihm nicht in der völlig

gleichen speciellen Beziehung gesprochen ward: „In der That sehen wir das Denken mit den Worten ringen und sehr schwer ihren Fesseln entkommen, oft auch viele Jahrhunderte, ja die ganze uns bekannte Zeit bis auf diesen Tag die Natur von Wesen suchen, die keine andere Wirklichkeit noch selbstständiges Dasein haben, als in den Anschauungen einer fernen Vergangenheit, wie sie in jenen wunderbaren Lauten leben: allein die Bande der Sprache sind wie die des Körpers, welche das Gebundene auch zugleich enthalten."

28. (S. 60.) Wüssten wir, welche Bewegungsform dem Empfindungsinhalte zukäme, so würden Empfindung und Bewegung, indem sie zwar aus dem Verhältnisse eines Grundes ihres Seins oder Werdens scheiden, so doch in dasjenige des gegenseitigen Erkenntnissgrundes treten.

29. (S. 63.) Mehr und mehr werden übrigens die Atome nur als Träger der Bewegungen berücksichtigt, welche Abstraktion bei den eigenthümlichen Schwierigkeiten, welche die Hervorhebung des Inhaltes in der Naturwissenschaft mit sich führen würde, völlig berechtigt ist. Denn der Inhalt des Scienden, obwohl als ein gleichartiger gedacht, ist doch für unser sinnliches Betrachten vielfach ein untereinander unvergleichbarer, der sprachlichen, bez. begrifflichen Erfassung sich entziehender; auch verbirgt er sich überall, wo er in äusseren Vorgängen beschlossen ist. So muss die Naturforschung nothgedrungen ihr Auge auf das richten, was sie mit dem Auge erfassen und dabei in gleiche Einheiten auflösen und aus gleichen Einheiten zusammensetzen kann: auf die Bewegung. Hierdurch gewinnt sie auch für ihre Sätze eine formale Nothwendigkeit, welche sich der mathematischen nähert, zum Theil sie erreicht, und die höchste Stufe bedeutet, welche der menschliche Geist in Entdeckung, Wiedergabe und nachrechnender Controle zu ersteigen vermag.

Indem nun die Entwickelung des specifisch naturwissenschaftlichen Erfassens der Welt den Vorzügen folgte, welche eine formale, d. h. vorwiegend auf die Bewegungsvorgänge gerichtete theoretische Behandlung bietet, hat sie jene S. 44 reproducirten Bestimmungen als allgemeinste aufgestellt, welche zu einem Theile formale Vorstellungen, zum anderen Hälfsvorstellungen für das Denken und Begreifen jener enthalten, und eben darum von den allgemeinsten inhaltlichen Bestimmungen, welche unsererseits entwickelt worden sind, so bedeutend differiren müssen.

30. (S. 65.) Nach meiner Vermuthung werden sich in dem angedeuteten Sinne diejenigen Untersuchungen eventuell verwendbar erweisen, welche sich mit den qualitativen Uebergängen der Empfindungen, bez. Vorstellungen beschäftigen. Vergl. Ad. Hor-

wicz, Psychologische Analysen auf physiologischer Grundlage. Bd. I. Halle, 1872. — Auch die in neuerer Zeit eingeleitete Reaktion gegen das Princip der specifischen Energien in seiner Starrheit dürfte eine in der angegebenen Richtung gelegene Bedeutung gewinnen. Vergl. ausser dem soeben angeführten Werke W. Wundt, Grundzüge der physiologischen Psychologie, Leipzig, 1874, namentlich S. 345 ff.; womit wieder zu conferiren G. H. Lewes, Physiology of common life, Bd. II. Edinburgh und London, 1860. S. 21 ff., sowie desselben Verfassers Problems of life and mind, Bd. 1, London, 1874, S. 135. —

Schliesslich sei hier, um etwaigen Missverständnissen vorzubeugen, noch hervorgehoben, dass die im letzten Absatz des Textes eröffnete Perspektive sich nur ganz formal auf die logische Möglichkeit der Vorstellung einer einheitlichen Urempfindung überhaupt beziehen, nicht aber besagen soll, dass damit sogleich eine Möglichkeit vorläge, nun auch den Inhalt dieser Empfindungs-Urcinheit anzugeben. Die Frage nach der Möglichkeit einer solchen qualitativen Bestimmung würde speciellere Untersuchungen erheischen, welche nicht mehr dieses Ortes sein können.